PARTIE CARRÉE

ROMAN

PAR

Théophile Gautier

AUTEUR DE : Mademoiselle de Maupin, les Jeunes-France, Jean et Jeannette, une Larme du Diable, etc.

II

PARIS
HIPPOLYTE SOUVERAIN, ÉDITEUR,
RUE DES BEAUX-ARTS, 5
—
1851

PARTIE CARRÉE

ROMAN

II

PUBLICATIONS RÉCENTES.

LE COMTE DE FOIX
Par FRÉDÉRIC SOULIÉ. — 2 vol. in-8.

Alexandre DUMAS fils.

ANTONINE	LA VIE A VINGT ANS
2 vol. in-8.	2 vol. in-8.

TROIS HOMMES FORTS
4 vol. in-8.

SCÈNES DE LA VIE ORIENTALE
Par GÉRARD de NERVAL.

LES HOMMES NOIRS
Par F. De BAZANCOURT

LÉONIE
Par Cl. de BERTIN

LA TERRE PROMISE
PAR ALPHONSE BROT.

CLAIRE BRUNNE.
LES TROIS ÉPOQUES
1 volume in-8.

ANGE DE SPOLA	UNE FAUSSE POSITION
2 vol. in-8.	2 vol. in-8.

LES QUATRE NAPOLITAINES
PAR FRÉDÉRIC SOULIÉ.
Ouvrage terminé. — 6 vol. in-8.

LAGNY. — Imprimerie de VIALAT et Cie.

PARTIE CARRÉE

ROMAN

PAR

Théophile Gautier

II

PARIS
HIPPOLYTE SOUVERAIN, ÉDITEUR,
RUE DES BEAUX-ARTS, 5
—
1851

CHAPITRE IX.

IX.

A peine le frugal repas de sir Arundell était-il achevé que la trappe s'ouvrit, et que les quatre gaillards dont nous avons déjà décrit l'entrée par le souterrain défilèrent silencieusement du trou.

L'un d'eux échangea avec Saunders quelques paroles dans une langue bizarre, auxquelles Benedict ne put rien comprendre, et où les phrases paraissaient composées d'un seul mot, comme les idiomes que l'on ne possède pas. C'était du gaëlique mêlé, pour plus d'obscurité, d'un certain nombre de mots d'argot.

Deux des nouveaux venus s'aprochèrent de la trappe, et Saunders s'approchant de sir Benedict Arundell, lui dit :

— Si Votre Grâce avait la complaisance de nous suivre, je crois que l'heure de partir est arrivée.

—- De partir! s'écria Arundell en se reculant par un mouvement instinctif à quelques pas de la trappe.

— J'espère, dit Saunders avec une insistance polie, que mylord comprendra qu'il vaut mieux venir avec nous sans résistance. Nous sommes cinq, tous vigoureux, tous bien armés, il n'y a pas de lutte possible. Il faut que nous exécutions les ordres qu'on nous a donnés; au besoin, nous emploierions la force, avec tous les ménagements imaginables, car nous ne voulons vous faire aucun mal.

—Je vous suis, répondit Arundell, voyant bien qu'il n'y avait pas moyen de faire autrement, et pensant, à part lui, qu'il aurait plus de chance de s'échapper une fois dehors.

La petite troupe s'engloutit successivement dans la noire ouverture où Saunders disparut le dernier, conduisant Benedict momentanément résigné.

On descendit une vingtaine de marches, et l'on arriva à la grille qui avait arrêté les projets d'évasion d'Arundell.

Là Saunders dit au lord : — Je vais être obligé de vous bâillonner, ce qui me fâcherait infiniment, à moins que vous ne me promettiez, sur votre parole d'honneur, de ne point crier, de ne point appeler à l'aide ; je ne voudrais point vous museler comme un veau qui pleure sa nourrice.

Comme en définitive le résultat devait être le même, rendu muet par un bâillon ou par sa parole, Arundell promit le silence.

— Je ne vous demande pas de ne pas essayer de vous échapper, cela me regarde, dit Saunders, en remettant le bâillon dans sa poche et en tirant la clef qui devait ouvrir la grille.

Un des matelots approcha la lanterne, et la clef introduite dans la serrure rouillée par l'humidité du lieu eût eu peine à faire jouer les ressorts intérieurs, maniée par une main moins vigoureuse que celle de Saunders.

Elle fit les trois tours obligés, et la lourde grille, poussée par deux matelots, grinça sur ses gonds avec un bruit enroué.

Les matelots s'assirent sur leurs bancs et posèrent leurs avirons sur les bords de la yole, dans une symétrie parfaite, attendant le signal de nage. Saunders s'assit au gouvernail ayant Benedict à son côté.

Au moment où la barque, cédant

à l'impulsion des rames, se mettait en mouvement, un rayon égaré de la lanterne ébaucha vaguement vers la poupe de la yole une sombre figure enveloppée d'un manteau rejeté sur l'épaule et coiffée d'un chapeau rabattu sur les yeux; mais Saunders éteignit la lanterne et tout rentra dans l'ombre.

Au bout de quelques minutes, l'embarcation déboucha du sombre canal dans les eaux de la Tamise.

Le brouillard, déchiré par le vent, fuyait en lambeaux comme une étoffe que la tempête emporte, dans un ciel bas, écrasé et noir comme la voûte d'un tombeau qu'enfument les torches des visiteurs; cette coupole sinistre où des veines moins sombres figuraient les lézardes, semblait près de s'écrouler par immenses blocs sur la ville endormie, dont la silhouette d'ébène posée en scie de chaque côté du fleuve n'était plus piquée que de rares étincelles de lumière.

C'était une nuit horrible que cette nuit.

La Tamise roulait des vagues comme une mer; les amarres des bateaux se tendaient avec des craquements pénibles comme ceux des nerfs d'un patient étiré sur le chevalet. Les embarcations s'entrechoquaient en rendant des sons lugubres; et l'eau pesante retombait sur elle-même avec un soupir d'oppression et d'épuisement, comme celui qui sort d'une poitrine sur laquelle s'est assis le cauchemar. Le vent poussait des plaintes semblables aux cris d'un enfant qu'égorgent des sorcières pour leur œuvre sans nom; et sur cet ensemble de bruits plaintifs, indéfinissables et sinistres, planait, comme un tonnerre sourd, la rumeur lointaine des vagues regagnant leur gîte.

Les édifices qui longent le fleuve,

magasins, entrepôts, usines aux longs obélisques panachés de flammes, débarcadères aux larges rampes, églises élevant au-dessus des maisons leurs vieilles flèches normandes ou leurs campanilles d'imitation classique, perdaient dans l'ombre ce que le jour peut y faire trouver de mesquin et prenaient des proportions cyclopéennes et colossales. Les toits devenaient des terrasses orientales, les cheminées des obélisques et des phares ; l'enseigne gigantesque en lettres découpées faisait l'effet de la balustrade trouée à jour d'un balcon aérien ; et le tout, sombre, immense, confus semblait une Ninive sur qui passait le nuage de la colère de Dieu.

— Un graveur à la manière noire en eût fait, avec quelques rayons de lumière livide, une de ces effrayantes estampes bibliques où les Anglais excellent.

Sir Benedict Arundell, voyant la barque raser le bord d'assez près, et sentant moins serrés les doigts dont Saunders lui entourait les bras comme d'un anneau de fer, crut pouvoir tromper la surveillance de son gardien, et fit un soubresaut si brusque que la yole en faillit chavirer ; il avait presque franchi le bord, et ses pieds touchaient la surface de l'eau, et quelques brassées à peine le séparaient du rivage ; mais la main vigoureuse de Saunders, l'enserrant comme une tenaille de fer, le ramena à sa place, et, par une pesée d'une force immense, le fit rasseoir.

Pendant cet épisode rapide comme la pensée, l'inconnu, immobile et silencieux à la proue, s'était levé, étendant ses bras comme pour porter secours à Saunders ; les quatre rameurs n'étaient pas de trop pour lutter contre le tourbillonnement des ondes et maintenir la yole en équilibre.

Dans ce mouvement, les plis de son manteau s'étaient dérangés, et Benedict avait cru reconnaître les traits de son ami Sidney. Mais l'homme ramena le pan de son manteau sur son épaule, de manière à ce que le pli supérieur lui cachât le nez. Les yeux étaient ensevelis dans la pénombre projetée par les larges bords du chapeau, et l'identité du personnage était de nouveau devenue impénétrable.

Cependant la tempête augmentait, le vent furieux semblait prendre les filaments de pluie et les décocher de son arc sifflant comme des flèches glacées ; une brume d'eau courait dans l'air, et l'écume des vagues, arrachée par lanières, s'éparpillait phosphorescente à travers l'obscurité. La houle était si forte qu'elle dépassait souvent le bordage de la barque, et que les rameurs, les pieds appuyés contre les tasseaux, le corps renversé en arrière et pesant de tout leur poids sur les avirons, avaient toute la peine du monde à maintenir l'esquif dans sa direction.

Cachée entre deux énormes vagues, la yole passa inaperçue devant le bateau de police, dont le fanal rouge semblait à moitié endormi, comme un œil aviné,

—Il vente à décorner Satan, murmura Saunders, et voyant que Benedict frissonnait sous son mince habit noir, il lui jeta sur le dos un coin de caban grossier qu'il ramassa avec son pied au fond de la barque; il est certain qu'avec un temps pareil, nous ne rencontrerons pas beaucoup de canots flânant sur la Tamise. Nous sommes favorisés par le temps, et même un peu trop favorisés, ajouta-t-il en recevant en plein dans la figure l'écume d'une vague qui déferlait.

Les passages des ponts étaient surtout effrayants. L'eau s'engouffrait sous les arches en sombres cataractes avec un bruit terrible et en rejaillissement épouvantable ; la rafale qui soufflait en sens inverse contrariait, sans pouvoir l'arrêter, la course furieuse des vagues creusées en tourbillon et rendues folles par cette résistance dans l'étroit passage des piles dont l'obstacle faisait refluer leurs masses. Le vent mugissait, l'eau sifflait et grondait, et les échos humides des arches répercutaient ces bruits en les rendant plus effrayants encore.

La barque, dirigée avec un tact miraculeux et une perspicacité presque inconcevable à travers cette nuit profonde, enfilait juste au milieu l'arche la plus sûre, et se précipitait dans le gouffre comme une paille emportée par la chute du Niagara ou le tourbillon du Maëlstrom ; puis elle ressortait de l'autre côté, pimpante, coquette et fière, et certes elle en avait bien le droit.

Comme elle passait le pont de Blackfrias, une forme blanche venant d'en haut traversa rapidement l'axe de l'arcade et vint tomber sur l'eau comme une plume de cygne, à peu de distance de l'embarcation.

Ce flocon se débattit, et deux bras de femme s'agitèrent au-dessus d'une jupe ballonnée par la chute. Lorsque la barque, suivant son impulsion, passa près de ce pâle fantôme flottant sur l'eau noire comme une elfe ou une nixe des légendes allemandes, deux mains désespérées s'accrochèrent au bordage avec une si grande force nerveuse, quoique faibles et délicates, que leurs ongles d'agate entrèrent dans le bois comme des griffes de fer.

Si quelqu'un dans la barque eût

eu l'idée de relever les yeux, et surtout si la nuit eût été moins opaque, on aurait pu entrevoir vaguement une forme humaine penchée au parapet du pont.

La yole s'inclina subitement de ce côté, embarqua une lame, et eût chaviré si les rameurs ne se fussent portés immédiatement de l'autre.

Une tête effarée et si pâle qu'on la pouvait discerner, malgré l'épaisseur de la nuit, se montra sur le bord de la barque, à travers un ruissellement de cheveux détrempés ; ses deux prunelles dilatées luisaient comme des globes d'argent bruni, et de ses lèvres violettes, avec un accent inexprimable, jaillirent ces mots : Sauvez-moi ! sauvez-moi !

— Que faire ? dit Saunders. Si elle continue ainsi, elle va nous faire tourner ou entraver notre marche; et pourtant ce serait dur de lui couper les mains, car il n'y aurait pas d'autre moyen de la faire lâcher et de lui replonger la tête dans cette vilaine eau noire qui lui fait si peur.

— Ce serait un crime abominable, dit Benedict en saisissant les bras de l'infortunée et en s'efforçant de l'attirer dans le bateau.

Tous les rameurs se jetèrent à

l'autre bord, et comme l'homme mystérieux placé à la poupe ne fit aucune observation, Saunders aida Benedict dans l'opération du sauvetage; et bientôt, passée par-dessus le bord, la femme entra dans la barque, et s'assit ou plutôt s'affaisa aux pieds de Benedict.

La marche de la barque, un instant retardée par cet accident, fut accélérée pour gagner le temps perdu, et bientôt on laissa en arrière le pont de Londres, et la yole fila avec plus de rapidité que la flèche au milieu des rangées de navires, dont les esparres se heurtaient avec un cliquetis lugubre, et dont les poulies, tracassées par le vent, piaulaient comme des oiseaux de nuit.

Le silence le plus profond régnait dans la barque, les rameurs semblaient retenir leurs souffles, les rames garnies de linges entraient dans l'eau muette, comme si elles se fussent baignées dans un brouillard, et le seul bruit que l'on y entendît c'était le claquement de dents de la pauvre femme qui frissonnait dans ses vêtements mouillés.

L'on sortit enfin de la ville de navires dont les quartiers se groupent à partir du pont de Londres jusqu'à l'île des Chiens, et les rameurs enfoncèrent avec plus de vigueur et moins de précaution leurs avirons dans l'eau moins turbulente, car la fureur de l'orage s'était un peu abattue.

Certes, Benedict, qui avait étendu un pan du surtout que lui avait prêté Saunders sur les épaules de la malheureuse jeune femme vêtue seulement de mousseline blanche, ne se doutait pas qu'il l'eût déjà vue une fois dans la journée sous le porche de Sainte-Margareth — où la manche de son habit avait effleuré le voile de dentelles qui la couvrait; et certainement la pauvre Edith Harley, car c'était elle, n'aurait pas cru que l'homme aux pieds duquel, par cette nuit glacée, elle se tordait en sanglotant, était l'heureux Benedict Arundell.

Un étrange destin réunissait dans cette barque frêle, au milieu d'un ouragan, le mari sans femme, la femme sans mari. Une combinaison capricieuse, désunissant les couples que tout semblait assortir, en faisait un autre de leurs parties brisées et disjointes.

CHAPITRE X.

X.

La yole nagea encore quelque temps, jusqu'à la hauteur de Gravesend à peu près. La tempête s'était un peu apaisée, et le ciel, quoique toujours menaçant, laissait entrevoir quelques étoiles dans le bleu noir de la nuit, à travers les déchirures élargies des nuages. Les vagues, remuées jusque dans leurs profondeurs, s'agitaient lourdement et déferlaient en lames pesantes sur les berges du fleuve évasé en bras de mer; le vent grommelait en s'éloignant, comme un chien hargneux et poltron qui vient de recevoir un coup de pied.

Une coque noire, surmontée d'esparres déliées comme des fils d'araignée, sortit de l'eau, et se dessina vaguement dans l'obscurité.

C'était la *Belle-Jenny* à l'ancre, et masquée jusque-là par un coude du fleuve. Tout semblait dormir à son bord : les écoutilles étaient soigneusement fermées, pas une lumière, pas un mouvement, rien que le cri des poulies fouettées par les derniers souffles de la rafale ; ce sommeil était trop profond pour être naturel. En effet, la *Belle-Jenny* ne dormait que d'un œil, car la yole ne fut pas plutôt dans ses eaux qu'une tête se leva au-dessus du bastingage, et se penchant vers le fleuve, murmura d'une voix basse mais distincte :

— Ohé ! là-bas, de la yole ! ohé ! est-ce vous ?

— Oui, répondit sur le même ton Saunders, et voici le mot de passe :

« Le crabe marche de travers, mais il arrive. »

— Sage maxime, ajouta Mackgill en se présentant au sommet de l'échelle.

Le canot s'était rangé tout à fait sur le flanc de la *Belle-Jenny*, et Saunders tenant toujours d'une main le bras d'Arundell, et de l'autre empoignant une des cordes de tire-veilles, commença à gravir l'échelle escarpée. Arundell eut un instant l'idée de se laisser tomber, mais la main de Saunders l'étreignait comme un étau, et d'ailleurs les autres compagnons, montant immédiatement après lui, avaient les doigts à la hauteur de ses talons, et l'eussent probablement retenu. Il eût pu aussi rouler dans le canot resté en bas.

Toute tentative d'évasion était donc impossible ; il continua son ascension aussi lentement que s'il eût monté les échelons de la potence, car il sentait que chaque pas qu'il faisait l'éloignait d'une immensité de miss Amabel. Son transport opéré avec tant de précaution et de mystère sur un vaisseau qui semblait l'attendre annonçait un projet médité depuis longtemps ; tous ces agents silencieux obéissaient à une volonté dont le but restait impénétrable pour lui. Que voulait-on faire de sa personne? l'emmener dans une région lointaine, le retenir en otage pour une rançon de ses parents et de ses amis? Aurait-il été la victime à Londres d'une de ces troupes de trabucaires qui emmènent leurs prisonniers dans la montagne, sauf à envoyer à la ville une oreille du captif en manière de sommation?

— Et la femme, qu'en allons-nous faire? dit Saunders qui était resté étendu dans le canot, après avoir confié sir Benedict Arundell aux soins de Jack et de Mackgill, à l'homme au manteau, toujours assis près de la poupe. La rejeter à l'eau après l'avoir sauvée, ce serait dur.

— Qu'on la monte là-haut, répondit brièvement l'homme embossé dans sa cape.

Edith avait écouté ce dialogue, où sa vie s'agitait comme si la question ne l'eût pas regardée; elle tremblait convulsivement, et les bourdonnements de la folie passaient dans sa tête traversée d'éblouissements fébriles; elle se laissa prendre et emporter comme un enfant malade par sa nourrice.

Saunders habitué à de plus lourds

fardeaux, gravit l'échelle vacillante avec la légèreté d'un chat, et eut bientôt déposé sur le pont miss Edith, qu'il adossa contre le mât, car elle se soutenait à peine, et ses membres inertes, n'étant plus guidés par aucune volonté, flottaient comme au hasard. L'homme au manteau ordonna à Saunders de la conduire sous l'entrepont, dans un endroit d'où elle ne pût rien voir et où elle ne pût pas être vue.

L'ordre fut aussitôt exécuté, et le pont de la *Belle-Jenny*, redevenu désert, ne résonna bientôt plus que sous les pas de l'homme au manteau qui se promenait sur le tillac, épiant la direction du vent, car Benedict avait aussitôt été conduit dans la cabine d'arrière par Jack et Mackgill, et soigneusement enfermé dans sa nouvelle prison.

Sa cabine était ornée avec assez d'élégance; le lit, caché par de courts rideaux de damas, s'enfonçait dans un cadre de bois des îles. Un divan de crin noir, une table suspendue de manière à ce que son niveau ne fût pas dérangé par le roulis, et une petite lampe enclavée au plafond en formaient l'ameublement; mais la fenêtre à laquelle Benedict courut d'abord était faite d'un rond de verre dépoli joint avec une précision parfaite et d'une épaisseur à ne laisser ni transparence ni espoir d'évasion. La porte paraissait également bien fermée.

Arundell, voyant que tout essai de fuite était impossible, alla s'asseoir dans l'angle du divan et resta là sans pensée et sans rêve, subissant son sort avec la patience morne du sauvage ou de l'animal captif : des suppositions, il était las d'en faire ; des projets, ils étaient inutiles. Perspicacité, intelligence, résolution, rien ne pouvait servir. Enveloppé d'inextricables réseaux par un ennemi inconnu, pauvre mouche prise dans la toile d'une araignée mystérieuse, il ne pouvait, en se débattant, qu'enchevêtrer ses ailes encore davantage, et que faire redoubler les fils qui le retenaient. Jouet d'un guet-apens horrible ou d'une trahison infâme, il lui fallait attendre son sort en silence. Fatigué des événements et des émotions de cette journée terrible, malgré son désir de rester éveillé pour observer les choses qui allaient se passer, il sentait malgré lui ses paupières s'appesantir. Quoique son esprit veillât, son corps dormait.

Pendant ce temps, la brise avait sauté, et le capitaine Peppercul, en train de déguster à petites gorgées un gallon plein de rhum pour se préserver du brouillard humide, interrompit cette douce occupation, et, sur l'avis de l'inconnu au manteau noir, qui avait observé les rhumbs du vent avec la sagacité d'un homme expérimenté aux choses de la mer, monta sur le pont en chancelant un peu. Comme le brouillard était extrêmement humide ce soir-là, en mortel plein de prudence, il s'était extrêmement prémuni. Mais le digne capitaine Peppercul n'était pas un gaillard à péricliter pour une mesure de spiritueux, et deux ou trois bouffées d'air frais lui eurent bientôt rendu tout son sang-froid.

— Capitaine, la marée nous favorise, le vent a changé, il faut mettre le cap sur la pleine mer; notre expédition en Angleterre est finie, dit l'homme au manteau, en voyant paraître Peppercul.

— Entendre, c'est obéir, répondit celui-ci en parodiant à son insu la formule du dévouement oriental; car l'homme au manteau paraissait lui inspirer un respect mélangé de crainte, quoique de sa nature le capitaine Peppercul ne fût ni servile ni poltron.

L'ordre fut donné d'appareiller. Les barres d'anspect furent placées dans l'arbre du cabestan, et les matelots, pesant dessus de toute la force de leurs bras et de leurs poitrines, commencèrent leur manége circulaire en poussant sur un rhythme plaintif ce singulier gloussement composé de la plainte du vent, du sanglot de la lame, du cri de la mouette, et dans lequel l'inquiétude de la nature semble se mêler à l'effort humain. L'ancre dérâpait, et déjà plusieurs tours de chaîne s'enroulaient au tambour et mouillaient le pont de leur dégout.

A ces piaulements bizarres, aux piétinements réguliers qui les accompagnaient, Benedict, qui déjà ébauchait un rêve plein de catastrophes étranges et d'apparitions sinistres, vague image de ses aventures de la journée, comprit qu'on levait l'ancre et qu'on allait partir. Quoique ce détail n'aggravât pas beaucoup sa situation et qu'il fût au fond assez indifférent d'être captif dans une prison immobile ou dans une prison voyageuse, il se sentit pris d'une incommensurable tristesse : être prisonnier en Angleterre, sur un sol peuplé de ses amis qui le cherchaient, vivre dans l'air que respirait Amabel, c'était encore une consolation; il ne pouvait plus compter sur les efforts de ses parents et de ses connaissances pour le retrouver. Comment suivre sa trace dans ce sillage qui se referme aussitôt en tourbillonnant? Amabel était à jamais perdue pour lui!

Les cris singuliers continuaient toujours, et bientôt l'ancre relevée fut attachée aux amures; les matelots, grimpés sur les huniers et sur les vergues, déferlèrent les voiles qui s'ouvrirent à la brise en palpitant avec bruit, comme des ailes d'oiseaux de mer qui voudraient s'envoler ; mais, retenues par les écoutes, elles se creusèrent, s'arrondirent, et donnant leur impulsion à la *Belle-Jenny,* la firent gracieusement pencher dans son sillage.

Mackgill, debout près de l'habitacle de la boussole, éclairée par une lueur tremblotante, tenait la roue du gouvernail, et guidant la *Belle-Jenny*, aussi sensible à l'impulsion qu'un cheval à bouche délicate à l'action du mors et de la bride, il la redressait, l'infléchissait, évitant les rencontres des navires et des barques, que les approches du jour commençaient à faire sortir de leur torpeur et qui se croisaient en tous sens sur le large fleuve.

Le matin commençait à se lever; des lignes de lumière blafarde sillonnaient les épais bancs de nuages. Les feux rouges des bateaux-phares pâlissaient sensiblement, éteints par les lueurs du jour naissant; les rives du fleuve, à peine visibles, reculaient à l'horizon, et les eaux jaunes bouillonnaient en lames plus larges. L'approche de la haute mer se faisait sentir, et la *Belle-Jenny*, bercée par le roulis, enfonçait et relevait sa proue entourée d'un flot d'écume.

Benedict à moitié assoupi se tenait accoudé sur son oreiller de crin lorsqu'un craquement de la porte le réveilla tout à fait.

Le panneau glissa dans la rainure, et l'homme au manteau noir parut sur le seuil de la cabine.

La chambre était sombre, et Benedict ne put tout de suite distinguer les traits de celui qui venait ainsi troubler sa solitude; l'ombre du grand chapeau voilait encore sa figure et les plis du manteau dissimulaient sa taille.

Cependant l'intention du nouveau survenant ne parut pas être de prolonger plus longtemps son incognito, car il s'avança sous la petite lampe qui brûlait encore, jeta en arrière sa cape, ôta son chapeau, et découvrit aux regards surpris d'Arundell la tête de sir Arthur Sidney.

Arundell ne put retenir un cri de surprise.

Sir Arthur Sidney resta parfaitement calme en face de son ami, et comme s'il ne se fût rien passé d'extraordinaire. Les rayons de la lampe jouant sur les luisants satinés de son front lui faisaient comme une espèce d'auréole. Son regard était plein de calme, et ses traits exprimaient la sérénité la plus parfaite.

— Quoi! c'est vous, sir Arthur!

— Moi, revenu ce matin des Indes.

— Que signifie tout ceci, Arthur? s'écria Benedict, ne pouvant plus douter de l'identité de Sidney.

— Cela signifie, répondit tranquillement Sidney, que je n'avais pas donné mon consentement à ce mariage, et qu'il a bien fallu l'empêcher. Voilà tout. Je vous demande pardon des moyens employés. Je n'en avais pas d'autres, j'ai pris ceux-là.

— Quelle prétention étrange! répliqua Benedict, décontenancé par la simplicité froide de la réponse. Êtes-vous mon père, mon oncle, mon tuteur, pour vous arroger de tels droits sur moi ?

— Je suis plus que tout cela, je suis votre ami, répondit gravement Sidney.

— Singulière façon de le montrer que de détruire le bonheur de ma vie et de me plonger dans le plus affreux désespoir.

— Le chagrin passera, dit Arthur : les peines des amoureux ne sont pas de longue durée, le vent les emporte comme des plumes de mouette sur la mer. D'ailleurs, vous ne vous apparteniez pas, continua-t-il en tirant de sa poche un papier qu'il déploya devant Benedict.

Ce papier déjà jauni semblait écrit depuis longtemps, il était cassé à ses plis. L'écriture qu'il contenait avait dû changer de couleur; les caractères en étaient roussâtres, on eût dit que pour les tracer le sang avait servi d'encre.

A l'aspect de ce papier d'apparence cabalistique, et qui ne ressemblait pas mal à la cédule d'un pacte avec le diable, sir Benedict Arundell parut embarrassé et garda le silence.

— Est-ce bien là votre signature?

dit Sidney en tenant le papier à la hauteur des yeux de Benedict.

— Oui, c'est bien mon nom et mon paraphe, répondit sir Benedict Arundell d'un ton résigné.

— Avez-vous librement posé là votre nom de gentilhomme ?

— Je ne puis dire qu'on m'ait forcé, répondit Arundell ; oui, j'ai mis là mon nom plein d'enthousiasme et de foi.

— Et c'est un serment formidable que celui renfermé dans cette lettre. Vous avez juré par tout ce qui peut lier sur cette terre où nous sommes, par le Dieu qui créa les mondes, par le démon qui les veut détruire, par le ciel et l'enfer, par l'honneur de votre père et la vertu de votre mère, par votre sang de gentilhomme, par votre âme de chrétien, par votre parole d'homme libre, par la mémoire des héros et des saints, sur l'Évangile et sur l'épée, et, au cas où notre religion ne serait qu'une erreur, par le feu et l'eau, sources de la vie, par les forces secrètes de la nature, par les étoiles, mystérieuses régulatrices des destinées, par Chronos et par Jupiter, par l'Achéron et par le Styx, qui autrefois liait les dieux. S'il est au monde une formule plus irrévocable, je l'ignore; mais quand vous avez écrit ces lignes, vous avez cherché tout ce qu'il y a de plus redoutable et de plus sacré pour donner de la force au serment que ce papier contient.

— C'est vrai, répondit Arundell.

— J'avais besoin de vous, continua Sidney, et en vertu des droits que cet écrit me donne, je suis venu vous chercher, puisque vous ne veniez pas.

Benedict, comme accablé, baissa la tête et ne répondit point.

— Lorsque vous serez plus calme, continua Sidney, je vous dirai ce que j'attends de vous et ce que vous aurez à faire.

Cela dit, sir Arthur se retira fermant après lui le panneau à coulisses, et la *Belle-Jenny,* poussée par un bon vent, entra dans la pleine mer.

CHAPTER III

CHAPITRE XI.

XI.

Nous profiterons de ce que la *Belle-Jenny* s'avance, poussée par un bon vent, et file dix nœuds à l'heure, pour faire dans notre récit quelques pas rétrogrades mais nécessaires. Nous devons expliquer comment miss

Edith se trouvait au milieu de la Tamise par cette nuit de tempête, près d'être engloutie sous les eaux, au lieu d'être dans l'ombre tiède et parfumée de la chambre nuptiale, frémissante sous le baiser d'un époux aimé.

On se rappelle sans doute qu'un homme d'apparence misérable avait remis au comte de Volmerange un pli cacheté à la sortie de l'église.

Ce pli, le comte, tout entier à d'autres soins, l'avait laissé dans sa poche, sans l'ouvrir, se réservant d'en prendre connaissance plus tard et l'avait oublié dans les émotions de cette journée, Mais le soir, resté seul un instant, pendant que les femmes d'Edith la déshabillaient et lui passaient son peignoir de nuit, il sentit craquer ce papier dans sa poche, et par un mouvement machinal il le décacheta et le lut.

Au même moment on vint lui dire qu'il pouvait entrer dans la chambre d'Edith. — Il se leva tout d'une pièce comme la statue du Commandeur interpellée par Leporello pour le souper de don Juan. Son poing crispé froissait le papier fatal, une pâleur mortelle couvrait son visage où luisaient dans un orbe ensanglanté ses prunelles d'un bleu dur, et ses talons tombaient pesamment sur le parquet comme des talons de marbre ; alourdi sous le poids d'un malheur écrasant, il marquait ses pas comme l'apparition sculptée.

Edith, protégée par l'ombre transparente des rideaux, cachait à demi sa tête dans son oreiller garni de dentelle. La craintive rougeur de la vierge attendant l'époux ne colorait pas ses joues abandonnées par le sang et d'une blancheur telle, qu'on pouvait à peine les distinguer de la taie de batiste sur laquelle elles reposaient.

Elle flottait dans une perplexité terrible ; la conscience de sa faute l'agitait, et elle ne savait quelle résolution prendre. Vingt fois l'aveu était venu sur le bord de ses lèvres sans pouvoir les franchir. Rien n'amenait cette confidence étrange. Cette liaison improbable, résultat d'une fascination presque surnaturelle, était restée profondément ignorée : tout le monde autour d'Edith avait une confiance si sereine dans sa pureté, que parfois elle-même doutait de l'avoir perdue. Aucune ouverture ne provoquait une pareille confidence : ses rougeurs, ses pâleurs, ses silences étaient pris pour ces inquiétudes virginales qui tourmentent les jeunes filles aux approches de leur mariage ; l'amour même légitime a ses troubles, et les larmes sont à l'ordre du jour dans les yeux des jeunes fiancées.

Chaque jour elle se disait : il faut que je parle, et le jour se passait sans qu'elle eût parlé ; les préparatifs s'avançaient sans qu'elle osât s'y opposer, et la révélation devenait de plus en plus impossible. Edith aimait Volmerange, et bien que son caractère fût d'une loyauté parfaite, et que l'ombre d'une fausseté lui répugnât, elle n'avait pas la force de porter elle-même ce coup de hache à sa félicité. Elle s'était sentie lâche devant ce malheur. Et comme tous les gens perdus qui comptent sur un incident impossible pour les tirer d'une situation désespérée, elle avait laissé les choses aller; maintenant le moment terrible était arrivé, et comme une colombe tapie à terre qui entend bruire autour d'elle le vol circulaire de l'autour, elle attendait, palpitante d'inquiétude et de terreur. Il lui semblait alors qu'elle aurait dû tout dire, repousser Volmerange, ne pas accepter ce bonheur dont elle n'était pas digne. Mais il était trop tard.

Il faut dire aussi, pour la justification d'Edith, qu'elle était coupable, mais non dégradée; elle avait une de ces natures que le mal peut atteindre et ne saurait pénétrer, comme ces marbres que la boue salit, mais ne tache pas, et qu'un flot du ciel fait paraître plus purs et plus blancs que jamais. Sa chute n'avait que de nobles motifs. Xavier avait joué près d'Edith la comédie du malheur; il s'était prétendu opprimé, méconnu, forcé de rester dans son humble sphère par les invincibles préjugés de l'aristocratie, et avait soutenu que la fille de lord Harley ne pouvait aimer qu'un lord, pair d'Angleterre, à la mode et jouissant d'une immense fortune. Ces choses dites simplement, d'un air résigné et froid, avec des yeux brûlant d'une passion contenue, provoquaient la nature noble et chevaleresque d'Edith à quelque folie de dévouement consolateur.

Elle avait voulu jouer le rôle de la Providence pour ce génie obscur, pour cet ange exilé qui n'était qu'un démon ; puis elle s'était donnée, prenant la pitié pour de l'amour : la passion vraie de Volmerange lui avait bientôt fait sentir à quel point elle s'était trompée ; et d'ailleurs, Xavier, sûr de son triomphe, n'avait pas tardé à se démasquer, et loin de s'opposer, comme on aurait pu le croire, à l'union d'Edith et de Volmerange, il l'avait en quelque sorte exigée de celle-ci dans quelque dessein sinistre et ténébreux impossible à comprendre. En outre, Volmerange était si éperdument amoureux d'Edith, qu'un semblable aveu eût pu faire craindre pour sa raison. Edith, jusqu'à un certain point, pouvait se croire encore digne d'être aimée d'un homme d'honneur, et son silence n'était pas une perfidie.

Quand Volmerange entra, Edith comprit qu'elle était perdue ; le comte s'approcha du lit avec une lenteur automatique et tendit le papier au visage de la jeune fille éperdue et pelotonnée dans ses couvertures par un mouvement de crainte instinctive.

— Dites, s'écria le comte d'une voix étranglée et avec une espèce de râle strident, dites que l'assertion contenue dans cette lettre est fausse, et je vous croirai, dût la lumière m'aveugler les yeux.

La pauvre Edith, demi-folle de peur, s'était redressée, et l'œil hagard, les lèvres tremblantes, les joues sans couleur, comme si on lui eût présenté la tête de Méduse, regardait le papier où flamboyait sa condamnation de ce regard vide et terne de la démence.

Dans le brusque mouvement qu'elle avait fait, le lien qui retenait ses cheveux s'était rompu, et ses boucles noires pleuvaient sur ses épaules et sur sa gorge, dont elles faisaient encore ressortir la blancheur inanimée.

Desdémone ne dut pas se dresser plus effrayée et plus pâle sous la question sinistre du More de Venise; et bien que Volmerange n'eût pas le teint couleur de bistre, il n'en avait pas moins l'air terrible et farouche.

Il y eut un moment de silence plein d'attente, d'angoisse et de terreur.

Au dehors la tempête mugissait : des grains de pluie fouettaient les vitres. Le vent semblait appuyer son genou sur la fenêtre et y faire des pesées comme pour entrer, curieux d'assister à cette scène nocturne. La maison, battue par l'orage, tremblait sur ses fondements, les portes craquaient dans leurs chambranles, des plaintes confuses couraient dans les corridors ; la lampe, à demi baissée pour les mystères de la nuit nuptiale, se ravivait par instants et jetait des clartés blafardes. Tout augmentait l'épouvante de la situation.

La pendule sonna deux heures. Son timbre, d'ordinaire si clair, si argentin, résonnait lugubrement.

Volmerange se pencha sur le lit, grinçant des dents, l'œil plein d'éclairs, saisit le bras d'Edith avec une brutalité impérieuse, et réitéra sa phrase d'un ton bref et fiévreusement saccadé. Une écume de rage moussait à ses lèvres, qu'il avait mordues si fort pendant la minute de silence que le sang en avait jailli.

La jeune fille, en voyant si près d'elle ce visage dont la beauté admirable ne pouvait s'effacer même dans les contractions de la fureur et rappelait la face d'un archange irrité, sentit ses forces l'abandonner, le vertige de l'évanouissement passa sur ses yeux, et elle aurait perdu connaissance si une violente secousse ne l'eût fait revenir à elle.

Il lui sembla que son bras, arraché, allait quitter son épaule. Volmerange l'avait jetée à bas du lit.

Elle était au milieu de la chambre;

un second choc la fit tomber à genoux.

— C'est bien, dit Volmerange, vous allez mourir.

Et il se mit à courir comme un forcené autour de la chambre, cherchant quelque arme pour exécuter sa menace.

— Oh! Monsieur, ne me faites pas de mal! murmura Edith d'une voix agonisante.

Volmerange cherchait toujours; — une chambre nuptiale n'est pas ordinairement fournie de poignards, pistolets, casse-têtes et autres instruments de destruction.

— Tonnerre et sang! grinçait-il en tournant comme une bête fauve, serai-je obligé de lui briser la cervelle à l'angle d'un meuble, de l'étrangler de mes mains, de lui ouvrir les veines avec mes ongles, de l'étouffer sous le matelas de mon lit de noces? Ha! ha! ce serait charmant, continua-t-il avec un rire de démence. Jolie scène! très-dramatique, très-shakspearienne, en vérité!

Et il s'avança vers Edith qui, toujours agenouillée, les bras pendants, les mains ouvertes, la tête penchée sur la poitrine, les cheveux ruisselants, restait dans la position de la

Madeleine de Canova. En voyant se rapprocher ce furieux, mue par un suprême instinct de conservation, la pauvre enfant se releva comme si elle eût été poussée par un ressort, courut à la porte de glace qui donnait sur le jardin, l'ouvrit avec cette adresse machinale des somnambules ou des gens dans une position désespérée et s'élança, portée par les ailes de la peur, dans les noires allées du jardin, suivie de Volmerange.

Elle ne sentait pas sous ses pieds délicats et nus l'empreinte du gravier et des coquillages; les branches, chargées de pluie, fouettaient son visage et ses épaules nues, et semblaient vouloir la retenir par les plis de son peignoir : le souffle ardent de Volmerange haletait presque sur sa nuque, et plusieurs fois les mains du furieux tendues l'avaient presque atteinte.

Elle arriva ainsi au parapet de la terrasse, qu'elle franchit, laissant aux griffes de fer de l'artichaut de serrurerie posé là ce fragment de mousseline, seul vestige laissé aux conjectures de lord et de lady Harley.

Son mari fut presque aussitôt

qu'elle dans la rue, et la poursuite continua.

Les forces commençaient à manquer à la pauvre Edith. Ses genoux se choquaient, ses artères sifflaient dans ses tempes, sa poitrine haletait. Elle avait déjà parcouru, dans cette course de biche traquée, une ou deux rues désertes à cause de l'heure avancée et de l'orage; et quand même un passant attardé se fût trouvé là, il ne lui aurait pas porté secours, la prenant pour quelque fille de joie se sauvant après une rixe de quelque orgie nocturne ou poursuivie pour quelque vol.

Dans sa fuite elle était arrivée près de la Tamise, au bout du pont de Blackfriars, qu'elle se mit à traverser d'un pas essoufflé et ralenti.

A peu près au milieu, au bout de ses forces et de son haleine, les pieds meurtris, son peignoir de nuit souillé de fange et collé à son corps brûlant et transi par les derniers pleurs de la tempête, elle s'arrêta et s'appuya contre le parapet, résolue à ne pas disputer plus longtemps sa vie à la fureur de Volmerange. Après tout, c'était encore une douceur de mourir par lui, puisqu'elle ne pouvait vivre pour lui.

Le comte, l'ayant rejointe, la saisit par les deux bras et lui dit : Jurez-moi que le contenu de la lettre est faux.

Edith, qui avait repris, après avoir cédé à ce mouvement de terreur physique, toute sa dignité naturelle, répondit : La lettre a dit vrai. Je ne sauverai pas ma vie par un mensonge.

Volmerange la souleva comme une plume, la balança quelques secondes hors du parapet sur le gouffre noir.

L'eau invisible rugissait et tourbillonnait sous l'arche; jamais nuit plus épaisse n'avait pesé sur la Tamise.

— Sombre abîme, garde à toujours le secret du déshonneur de Volmerange, dit le comte, le corps à moitié hors du pont.

Puis il ouvrit les mains...

Une plainte faible comme un soupir de colombe étouffée fut la dernière prière d'Edith. Le vent poussa comme un long sanglot de désespoir, et un léger flocon blanc descendit dans la brume épaisse comme une plume arrachée de l'aile d'un cygne, et tomba dans le fleuve, sans que de cette hauteur l'on pût entendre le bruit de sa chute, couvert par le murmure de l'eau, le craquement des barques, les jérémiades de la rafale, et tous ces mille bruits par lesquels se plaint la nature dans une nuit de tempête.

— A l'autre maintenant, dit Volmerange en retournant sur ses pas. Il faut que je le trouve, fût-il caché au fond du dernier cercle de l'enfer.

Et il s'enfonça dans le dédale des rues d'un pas rapide et plein de résolution.

Entraîné par la rapidité du récit, nous n'avons pas dit qu'un homme qu'on aurait pu prendre pour une ombre portée se tenait collé à la muraille de la maison du comte de

Volmerange. Veillait-il là pour son compte ou pour celui d'un autre ? c'est ce que nous ne savons pas encore. Était-ce un voleur, un amant, ou un espion, un ennemi ou un ami ? Pressentait-il la catastrophe qui devait arriver, et avait-il voulu y assister invisible témoin ? Toutes ces questions, nous ne sommes pas encore à même de les résoudre. Ce que nous pouvons dire, c'est que le rôdeur nocturne vit Edith sauter la terrasse du jardin, Volmerange la poursuivre et la jeter dans la Tamise, sans intervenir dans cette scène affreuse dont il s'était contenté d'être le spectateur lointain et silencieux. Quand Volmerange, sa vengeance accomplie, rentra dans le cœur de la ville, l'ombre le suivit de loin, réglant son pas sur le sien, de façon à ne pas le perdre de vue et ne pas en être remarqué.

La tête perdue, le cœur plein de rage et de regrets, Volmerange marcha ainsi jusqu'à Regent's-Park où, accablé de fatigue, de douleur et de désespoir, il se laissa tomber sur un banc, au pied d'un arbre, dans l'état le plus complet de prostration; ses idées l'abandonnaient et sa tête vacillait sur ses épaules; sa taille vigoureuse fléchissait; il tomba dans ce morne assoupissement par lequel la nature, lasse de souffrir, se refuse aux tortures morales ou physiques.

Pendant qu'il sommeillait, l'ombre noire s'approcha de lui d'un pas si léger, si furtif, si souple, qu'elle ne déplaçait pas un grain de sable et qu'elle ne courbait pas un brin de gazon; elle posa sur les genoux de Volmerange un papier de forme bizarre et une enveloppe pleine de lettres, puis se retira plus doucement encore et se cacha derrière les arbres, avec lesquels elle se confondit bientôt.

Quelque léger qu'eût été le mouvement, il réveilla Volmerange, qui vit le papier et l'enveloppe posés si mystérieusement sur ses genoux, et courut sous une lanterne.

L'enveloppe contenait des lettres d'Edith prouvant sa faute. Le papier était ainsi conçu :

« Je jure de ne jamais disposer de moi, de ne m'engager dans aucun lien, ceux du mariage et autres, et de me tenir toujours libre pour la junte suprême : je le jure par le Dieu qui créa les mondes, par le démon qui les veut détruire, par le ciel et l'enfer, par l'honneur de mon père et la vertu de ma mère, par mon sang de gentilhomme, par mon âme de chrétien, par ma parole d'homme libre, par la mémoire des héros et des saints, par l'Évangile et par l'épée, et au cas où notre religion ne serait qu'une erreur, par le feu et par l'eau, sources de la vie, par les forces secrètes de la nature, par les étoiles, mystérieuses régulatrices des destinées, par Chronos et par Jupiter, par l'Achéron et par le Styx qui autrefois liait les dieux.

« Signé de mon sang,

« VOLMERANGE. »

CHAPITRE XII.

XII.

Après cette lecture, le comte, fou de douleur et de rage, se mit à parcourir le parc en tous sens, à la recherche de l'être mystérieux qui avait, pendant son assoupissement, jeté sur ses genoux les lettres d'Edith.

et la formule du pacte qui le liait à un pouvoir inconnu.

En vain il battit les allées, les contre-allées, les recoins de bosquets, il ne put rien découvrir. Il est vrai que la nuit était sombre et que de vagues reflets de lanternes éloignées le guidaient seuls dans sa poursuite.

Las de cette course insensée, il sortit du parc, et se dirigea, sans trop savoir où il allait, du côté de Prime-rose-Hill.

Les maisons s'éclaircissaient, les champs commençaient à se mêler à la ville, et bientôt il se trouva dans la campagne, gravissant les premières pentes de la colline.

Toutes ces marches et contre-marches avaient pris du temps, et l'aurore tardive de novembre jetait de vagues lueurs dans le ciel, que jonchaient de grands nuages éventrés, gigantesques cadavres restés sur le champ de bataille de la tempête. Rien ne ressemblait moins à l'Aurore aux doigts de rose d'Homère que ce sinistre lever du soleil britannique.

Il se laissa tomber au pied d'un arbre qui frissonnait à l'aigre brise du matin, déjà veuf de plus de la moitié de ses feuilles, et reprit dans sa poche les lettres à moitié lacérées d'Edith qu'il y avait plongées par un mouvement machinal : tout en ne lui laissant aucun doute sur son malheur, elles étaient d'un style contraint, et la passion ne s'y exprimait qu'avec des formes embarrassées; on eût dit que la jeune femme avait cédé plutôt à une fascination involontaire qu'à une sympathie.

Cette lecture envenimait encore les plaies de Volmerange, mais il avait besoin de la faire pour légitimer sa vengeance à ses propres yeux : après son action violente et terrible, un doute lui venait, non sur la certitude de la faute, mais sur la légitimité de la punition : cette forme blanche, descendant à travers l'ombre vers le gouffre noir du fleuve, lui passait toujours devant les yeux comme un remords visible. Il se demandait s'il n'avait pas outrepassé son droit d'époux et de gentilhomme, en infligeant une mort affreuse à un être jeune et charmant à peine au seuil de la vie. Quelque coupable que fût Edith, elle était tellement punie qu'elle devenait innocente.

Qui lui eût dit le matin que le soir il serait meurtrier, lui eût produit l'effet d'un fou, et cependant il venait d'immoler impitoyablement une femme sans défense ; une femme dont il avait juré à la face du ciel et des hommes d'être le protecteur. La terrible exécution qu'il avait faite, bien que juste d'après les lois du point d'honneur, l'épouvantait et lui apparaissait dans son horrible gravité, et d'ailleurs sa vengeance n'eût-elle pas dû commencer par le complice d'Edith? Cédant à la colère aveugle, il s'était ôté, en tuant la coupable, tout moyen de remonter à la source du crime. C'était l'infâme séducteur dont il aurait dû arracher le nom à Edith et qu'il eût eu plaisir à torturer lentement et avec la plus ingénieuse barbarie, car une mort prompte n'eût pas assouvi sa vengeance.

Puis, songeant aux liens qui l'attachaient à l'association mystérieuse dont nos lecteurs ont pu voir la formule de serment, il s'indignait de cette autorité revendiquée après plusieurs années de silence, et, bien que le serment ne lui eût pas été extorqué, il sentait son indépendance se révolter contre cette prétention de disposer de lui. — Il avait juré, il est vrai, mais dans l'enthousiasme de la jeunesse, de mettre toutes ses forces et toute son intelligence au service de l'idée commune ; mais fallait-il pour cela abjurer les sentiments de son cœur, cesser d'être homme et devenir comme un bâton dans la main cachée?

Il lui semblait saisir une coïncidence étrange entre le déshonneur d'Edith et ce rappel au serment prononcé. N'avait-on pas voulu, par ce coup terrible, le détacher des choses humaines, et profiter de son désespoir pour le jeter à corps perdu dans les entreprises impossibles?

Il se rappelait une phrase prononcée jadis par un des membres influents de l'association : « Dieu a mis la femme sur la terre de peur que l'homme ne fît de trop grandes choses. » En lui découvrant l'indignité de celle qu'il aimait, sans doute on avait pensé le convaincre, sans réplique, de la maxime de Shakspeare : « Fragilité, c'est le nom de la femme », et le faire renoncer pour toujours à ses trompeuses amorces.

— Oh! disait-il dans sa pensée, à qui se fier désormais, si le front ment comme la bouche, si la candeur trompe, si la pudeur n'est qu'un masque, si l'étincelle céleste n'est qu'un reflet de l'enfer, si le cœur de la rose est plein de poison, si la couronne virginale ceint des cheveux dénoués par la débauche... Edith! Edith! oh! je t'avais confié sans crainte et sans défiance l'honneur de mon antique maison; j'aurais cru que tu aurais transmis pur le sang des vieux chevaliers et le sang royal de l'Inde qui coule dans nos veines. Et cependant elle m'aimait, j'en suis sûr, s'écria-t-il en frappant violemment son genou avec son poing;

non, son doux regard disait vrai ; sa voix avait l'accent de l'amour sincère ; il y a là-dessous quelque machination horrible. Mais a-t-elle nié l'accusation une seule fois ? a-t-elle prononcé un mot pour sa défense ? Elle est coupable... coupable... coupable, continua-t-il en répétant le mot avec l'insistance monotone des gens qui sentent leurs idées s'échapper et qui raccrochent à la dernière syllabe prononcée, comme à un rameau sauveur, leur raison qui se noie.

Des larmes coulaient le long de ses joues une à une silencieusement et sans interruption ; il ne pensait même pas à les essuyer, et répétait d'un air fou et comme un vague refrain de ballade : Elle est coupable, coupable, coupable.

Le jour s'était levé tout à fait, et des hauteurs de Primerose-Hill la vue s'étendait sur la ville de Londres, qui commençait à fumer comme une chaudière en ébullition ; c'était un spectacle plein de grandeur et de magnificence. De larges traînées de brouillard bleuâtre indiquaient le cours de la Tamise, et çà et là s'élançaient de la brume les flèches pointues des églises indiquées par un rayon de lumière oblique.

Les deux tours de Westminster ébauchaient leurs masses noires presqu'en ligne directe; le duc d'York posait, imperceptible poupée, sur sa mince colonne; puis à gauche, le monument du feu élevait vers le ciel ses flammes de bronze doré, la Tour groupait sa botte de donjons, Saint-Paul arrondissait sa coupole flanquée de deux campanilles; l'ombre et le clair jouaient sur ces vagues de maisons interrompues de loin en loin par l'îlot verdâtre d'un parc ou d'un square avec une grandeur et une majesté dignes de l'Océan ; mais Volmerange, quoique ses yeux immobiles parussent contempler ce panorama merveilleux avec la plus profonde attention, ne voyait absolument rien : l'ombre pâle d'Edith lui interceptait tout ce spectacle.

Sa fureur était tombée, et il se trouvait dans un tel état de prostration qu'un enfant eût eu raison de lui en ce moment-là ; toute sa vitalité avait été épuisée dans cette projection immense ; il s'était vidé dans son crime ; il essaya de se lever, mais ses genoux se dérobaient sous lui, un nuage s'abaissa sur ses yeux ;

ses tempes se couvrirent d'une sueur froide ; il retomba au pied de son arbre.

Au même instant passait sur la route un homme d'une apparence honnête et d'une mise simple, mais qui n'excluait pas la confortabilité, une de ces figures que l'on verrait mille fois sans les reconnaître, tant elles savent porter habilement le masque et le domino de la foule.

L'homme s'approcha de Volmerange, qui, excédé d'émotion et de fatigue, glacé par l'air de la nuit, était près de s'évanouir.

— Qu'avez-vous, Monsieur? lui dit

le passant d'un air d'intérêt ; vous êtes bien pâle et paraissez souffrir.

— Oh! rien, une faiblesse, un étourdissement passager, répondit le comte d'une voix presque éteinte.

— Je bénis l'heureux hasard qui m'a fait passer par ici ; je suis médecin, et je rendais visite à une de mes pratiques de Primerose-Hill ; j'ai ici de quoi vous réconforter, dit l'homme en tirant de sa poche un petit portefeuille assez semblable à la trousse des chirurgiens, et dont il sortit un flacon qui paraissait contenir des sels.

— En effet, je ne me sens pas

bien, murmura Volmerange en laissant tomber sa tête.

L'officieux passant déboucha le flacon, d'où s'exhala une odeur pénétrante, et le mit sous le nez du malade. Mais la substance qu'il renfermait ne produisit pas l'effet qu'on en eût dû attendre ; au lieu de sortir de son évanouissement, Volmerange semblait s'y plonger plus avant, et les efforts qu'il avait faits pour aspirer l'odeur excitante paraissaient avoir épuisé le peu de forces qui lui restaient.

Le passant, qui s'était intitulé médecin, bien qu'il vît la pamoison du malade se prolonger, continuait à lui tenir sous les narines le flacon qu'il eût dû retirer, voyant son effet inutile.

A la syncope paraissait avoir succédé la léthargie. Volmerange, les bras flottants, le tronc affaissé, la tête vacillante d'une épaule à l'autre n'était plus qu'une statue inerte.

— Précieuse invention, murmura le bizarre médecin, très-satisfait du singulier résultat de son assistance : le voilà dans un état convenable ; il ne sait plus s'il est au ciel, sur terre ou en enfer ; on peut le prendre et l'emporter sans qu'il s'en aperçoive plus qu'un ballot ou un mort de huit jours. Il irait en Chine comme cela. Mais avisons s'il passe quelque voiture où je puisse le loger. Et il s'élança au milieu de la route, comme pour voir de plus loin.

Il n'eut pas besoin de rester longtemps à son poste d'observation. Une voiture de place se dirigeant vers Londres d'un train inconnu aux cochers de fiacre continentaux apparut avec un rayonnement et un tonnerre de roues à l'horizon du chemin.

Le prétendu médecin fit signe au cocher. La voiture était vide, et l'automédon fit approcher son char du tertre où gisait Volmerange.

— Aidez-moi, dit le faux médecin, à mettre ce gentilhomme dans votre voiture ; il a trop bu à souper de vins d'Espagne et de France, et il s'est endormi sous cet arbre dans sa petite promenade matinale. Je le connais et vais le reconduire chez lui.

Le cocher aida le passant à loger Volmerange dans le cab sans faire la moindre observation, car le fait d'un gentilhomme ivre n'est pas assez rare pour étonner. Seulement le cocher en remontant sur son siége soupira mélancoliquement en lui-même à cette réflexion : « Est-il heureux ce lord d'être gris de si bonne heure ! »

Cet axiome formulé, il lança son cheval dans la direction indiquée par l'homme qui lui avait désigné une maison située le long d'un de ces roads qui succèdent aux rues sur les confins de Londres.

Au bout de quelques minutes, la voiture s'arrêta devant un mur dans lequel était coupée une petite porte verte dont le bouton de cuivre reluisait comme l'or. Des arbres à moitié effeuillés, qui dépassaient le chaperon de la muraille, indiquaient qu'un jardin assez vaste séparait la maison de la rue.

L'homme qui avait administré à M. de Volmerange le cordial à l'effet stupéfiant tira le bouton et sonna plusieurs fois, séparant ses coups par des intervalles qui paraissaient avoir une signification réglée d'avance.

Un domestique vint ouvrir ; l'homme lui dit deux mots à l'oreille ; le domestique rentra dans la maison, et bientôt reparut suivi de deux compagnons à teint olivâtre et à figure bizarre, qui prirent Volmerange et l'emportèrent dans un pavillon de forme ronde, formant au coin du corps de logis une de ces tourelles assez fréquentes dans l'architecture anglaise.

Le cocher, largement payé, s'en alla, trouvant l'aventure toute simple : il avait dans la nuit reporté chez eux ou ailleurs quatre ducs ou marquis dans un état pour le moins aussi problématique que celui de Volmerange.

L'homme au flacon, ayant achevé sa mission, se retira aussi, après avoir écrit sur un carré de papier, qu'il déchira de son portefeuille, quelques mots moitié en chiffres, moitié en caractères d'une langue inconnue, qu'il remit au domestique qui était venu ouvrir.

La maison dans laquelle on avait apporté Volmerange avait un aspect d'élégance et de richesse qui excluait toute idée de vol et de guet-apens. Une veranda blanche et rose jetait son ombre découpée sur un perron de marbre blanc; des glaces sans tain, et d'une seule pièce, posées au-dessus des cheminées, laissaient transparaître d'énormes vases de la Chine remplis de fleurs. La cage de cristal d'une serre immense dans laquelle le salon paraissait se continuer, tenait sous cloche une vraie forêt vierge; les lataniers, les bambous, les tulipiers, les jamroses, les lianes, les passiflores, les pamplemousses, les raquettes s'y épanouissaient avec une violence toute tropicale, brandissant les dards, les coutelas, les griffes de leurs feuillages monstrueux et féroces, faisant éclater leurs calices comme des bombes de parfums et de couleurs, et palpiter les pétales de leurs fleurs comme les ailes des papillons de Cachemyr.

Les deux laquais basanés déposèrent Volmerange, toujours endormi, sur un divan, et se retirèrent en silence, n'ayant pas l'air autrement surpris de l'arrivée de ce personnage, que sans doute ils voyaient pour la première fois.

Il y avait déjà quelques minutes qu'il reposait, toujours sous l'influence du narcotique, et personne ne paraissait.

La pièce où il avait été déposé offrait, dans son ameublement d'une simplicité élégante, quelques particularités qui eussent pu guider les suppositions de l'observateur ; une fine natte indienne recouvrait le plancher, et sur la cheminée se contournait une idole de la Trimourti mystique représentant Brahma, Wishnou et Shiva; un bouclier de peau d'éléphant, un sabre courbe, un krick malais et deux javelines formaient trophée le long de la muraille. Ces détails caractéristiques, et moins bizarres à Londres que partout ailleurs, semblaient indiquer la demeure d'un nabab enrichi à Calcutta ou d'un civilien haut employé de la Compagnie des Indes.

Bientôt une portière de brocart se souleva et donna passage à une figure étrange : c'était un vieillard de haute taille, un peu courbé, qui s'avançait en s'appuyant sur un bâton aussi blanc que l'ivoire : sa face maigre desséchée et comme momifiée, avait la teinte du cuir de Cordoue ou du tabac de la Havane ; de larges orbites de bistre cerclaient ses yeux creux et brillants comme des yeux d'animal, et dont l'âge n'avait pas amorti une seule étincelle ; son nez courbé en bec d'aigle était presque ossifié, et ses cartilages endurcis luisaient comme un os ; ses joues caves, sillonnées de rides profondes, adhéraient aux mâchoires, et ses lèvres bridaient sur des dents que l'usage du bétel avait rendues jaunes comme de l'or; les jointures des mains, presque pareilles à celles des orangs-outangs, se plissaient transversalement comme le cou-de-pied des bottes à la hussarde.

Une petite perruque rousse, de celles dites chiendent, recouvrait cette tête hâlée, brûlée et comme calcinée par le soleil, couvant les passions et le feu dévorant d'une idée fixe; sous le bord de cette perruque scintillaient deux anneaux d'or mordant le lobe d'une oreille semblable à un bout de vieux cuir.

A voir ce spectre jaune, plissé, feuilleté comme un livre, si sec, que ses jointures craquaient en marchant, comme celles des genoux de don Pèdre, on l'aurait cru, non pas centenaire, mais millenaire. Il accusait un nombre d'années fabuleux, et pourtant ses prunelles, seuls points vivants dans sa face morte, étincelaient de jeunesse. Toute la vigueur de ce corps anéanti, et conservé sur terre par une volonté puissante, s'y était réfugiée.

Si Volmerange eût pu secouer l'invincible torpeur qui l'accablait et le retenait dans un sommeil hébété, il eût frémi en voyant cet être fantastique glisser vers lui avec une allure de fantôme, et il se serait cru en proie aux épouvantements du cauchemar : malgré son large habit noir, sa culotte et ses bas de soie que n'eût pas désavoués un ministre prêt à monter en chaire, costume tout à fait contraire à l'emploi d'apparition, le vieillard semblait arriver directement de l'autre monde.

Aucun sentiment de malveillance ne paraissait cependant l'animer, et il se dirigea du côté du divan d'un air aussi visiblement satisfait que le permettaient son teint de Pharaon empaillé et les milliers de rides que dessinait son sourire dans sa figure antédiluvienne.

Il tenait encore à la main le papier sur lequel l'homme, en remettant Volmerange au domestique, avait griffonné quelques lignes en signes mystérieux, et le contenu sans doute était de nature à lui être agréable, car, en le relisant une dernière fois avant de le jeter au feu, il dit à demi-voix : Vraiment, ce garçon est très-intelligent, il faudra que j'avise à récompenser son zèle.

Cela dit, il s'assit près de Volmerange, attendant que l'effet du narcotique se dissipât; mais, voyant que le jeune comte ne s'éveillait pas encore, il appela ses laquais basanés et le fit déposer sur un lit de repos dans une salle voisine.

Cette salle, ornée et meublée avec une extrême magnificence, rappelait les fabuleuses splendeurs des contes orientaux. Aucun palais d'Hyderhabad ou de Benarès n'en contenait assurément une plus riche et plus splendide.

De légères colonnes de marbre blanc, entourées d'un cep de vigne, dont les feuilles étaient figurées par des semences d'émeraudes et les grappes par des grenats, soutenaient un plafond fouillé, ciselé, découpé, écartelé de mille caissons pleins de fleurs, d'étoiles, d'ornements fantastiques et touffus comme la voûte d'une forêt.

Sur les murailles courait une frise contenant les principaux mystères de la théogonie indienne: on y voyait taillé tout un monde de dieux à trompes d'éléphant, à bras de polype, tenant à la main des lotus, des sceptres, des fléaux; des monstres, moitié hommes, moitié animaux, aux membres feuillus et contournés en arabesques, symboles mystérieux de profondes pensées cosmogoniques. Malgré leur raideur hiératique et la naïveté enfantine de leur exécution ces sculptures avaient une vie étrange, les complications de leurs enlacements les faisaient fourmiller à l'œil, et leur donnaient comme une espèce de mouvement immobile.

De larges portières de damas broché d'or tombaient à plis puissants, et remplissaient l'interstice des colonnes.

Un tapis, que ses desseins compliqués et ses palmettes de mille couleurs faisaient ressembler à un châle de cachemire, tissu pour les épaules d'une géante, couvrait le plancher de sa moelleuse épaisseur.

Autour de la salle régnait un divan bas, couvert d'une de ces étoffes merveilleuses où l'Inde semble attacher avec de la soie les nuances brillantes de son ciel et de ses fleurs.

Un jour doux et laiteux, tamisé par des vitres dépolies, versait à ces magnificences asiatiques des lueurs vagues, estompées encore par un imperceptible nuage de fumée bleuâtre provenant des parfums brûlés sur les cassolettes aux quatre coins de la salle, et donnait à cette salle, déjà surprenante par elle-même, un aspect tout à fait féerique. Derrière cette gaze vaporeuse, les ors, les grenats, les cristaux, les saillies des sculptures, avaient des phosphorescences et des illuminations subites de l'effet le plus bizarre. Un morceau de bas-relief frisé par la lumière semblait se mettre en marche ; une colonne pivoter sur elle-même et se tordre en spirale, et soit que les aromes des fleurs exotiques, jaillissant des grands vases, eussent un effet vertigineux, soit que les parfums des cassolettes continssent quelques-unes de ces préparations enivrantes dont l'Inde a l'habitude et le secret, au bout de quelques minutes tout prenait, dans cette salle fouillée en pagode, la physionomie indécise et changeante des objets entrevus dans le rêve.

Le personnage bizarre dont nous avons tout à l'heure esquissé les traits venait de reparaître après une courte absence, mais il était débarrassé de ses habits noirs et de sa défroque européenne; un turban artistement roulé avait remplacé sur son crâne rasé la perruque de chiendent; deux lignes blanches faites avec la poussière consacrée rayaient son front fauve; un anneau de brillants scintillait suspendu à sa cloison nasale; une robe de mousseline descendait de ses épaules à ses pieds avec des plis droits auxquels le corps qu'ils recouvraient n'imprimait pas la moindre inflexion, tant était grande la maigreur du vieillard.

Cette tête cuivrée entre ce gros turban et cette longue robe blanche produisait le contraste le plus étrange. Ces deux blancheurs avaient rendu à ce masque bistré son obscurité indienne.

On eût dit un dévot sortant de la

caverne d'Elephanta ou de la pagode de Jaggernaut, pour la solennité de la promenade du char aux roues sanglantes.

Il se tenait debout à côté du lit de repos, épiant le moment où la force de la drogue soporifique n'agissant plus, Volmerange se réveillerait de son assoupissement.

Déjà celui-ci avait à demi soulevé ses paupières, et, à travers l'interstice de ses cils, aperçu vaguement les colonnes aériennes, le plafond vertigineux de la salle, et le vieil Indien planté près de lui comme un fantôme, le regardant avec ces yeux obstinés dont vous poursuivent les personnages des rêves; mais il n'avait pas pris ce qu'il voyait pour un retour à la vie réelle, et il se croyait encore errant dans les chimériques pays du sommeil. S'être évanoui au pied d'un arbre sur la colline de Primerose-Hill, et revenir à soi sur un divan de cachemire, dans une salle du palais d'Aureng-Zeb, au fin fond de l'Inde, à trois mille lieues de l'endroit où l'on a perdu connaissance, il y aurait eu de quoi étonner un cerveau moins ébranlé que celui de Volmerange. Il restait donc immobile, ne sachant s'il veillait ou s'il dormait, et cherchant à renouer le fil rompu de ses idées. Enfin, se décidant à ouvrir complétement les yeux, il promena autour de lui son regard étonné et ne put pas, cette fois, se refuser à l'évidence.

L'endroit où il se trouvait, quoique très-fantsatique, n'appartenait en rien à l'architecture du rêve : c'était par la main des hommes et non par celle des esprits qui peuplent le sommeil de merveilles impalpables, que ces colonnes avaient été cannelées, ces plafonds peints, ces bas-reliefs fouillés. Il ne reposait pas sur un banc de nuages, mais sur un lit authentique. Il voyait bien là-bas une énorme pivoine de la Chine épanouir sa touffe écarlate, dans un pot de porcelaine du Japon. Les parfums chatouillaient son nerf olfactif d'un arome bien réel. La figure de l'Indien, quoique digne des pinceaux de la fantaisie nocturne, présentait des ombres et des clairs parfaitement appréciables, et se modelait d'une façon toute positive. Il n'y avait pas moyen de douter.

Se soulevant sur le coude, Volmerange adressa au long fantôme blanc la question classique en pareil cas, et dit comme un héros de tragédie, sortant de son égarement : « Où suis-je ? »

— Dans un lieu où vous êtes le maître, répondit l'Indien en s'inclinant avec respect.

A ce moment, un frisson de clochettes se fit entendre derrière un rideau ; les anneaux grincèrent sur leurs tringles, et un troisième personnage pénétra dans la salle.

CHAPITRE XIII.

XIII.

Une jeune fille, d'une beauté inouïe et revêtue d'un riche costume indien, fit son apparition dans la chambre, apparition est le mot, car on l'eût plutôt prise pour une Apsara descendue de la cour d'Indra que pour une simple mortelle.

Son teint singulier dans nos idées européennes avait l'éclat de l'or; cette nuance ambrée, semblable à celle que le temps a donnée aux chairs peintes par Titien, n'empêchait pas, pourtant, les roses de la fraîcheur de s'épanouir sur les joues de la jeune fille; ses yeux, coupés en amande et surmontés de sourcils si nets qu'on eût pu les croire tracés à l'encre de la Chine, s'allongeaient vers les tempes, agrandis par une ligne de surmeh partie des paupières frangées d'un rideau de cils bleus; les deux prunelles de ces yeux semblaient deux étoiles noires sur un ciel d'argent. Le nez mince, finement coupé, aux narines avivées de rose, portait à sa racine un léger tatouage fait avec la teinture de gorotchana, et, à sa cloison, un anneau d'or étoilé de diamants, qui laissait scintiller à travers son cercle des perles d'un orient parfait, serties dans un sourire vermeil comme le fruit du jujubier. Ces diamants et ces perles, confondant leurs éclairs, donnaient à ce teint un peu fauve la lumière dont il eût peut-être manqué sans cela. Les joues lisses, onctueuses comme de l'ivoire, s'unissaient au menton par des lignes d'une netteté idéale. Le roi Douchmanta lui-même, ce Raphaël indien, n'aurait pu reproduire avec son gracieux pinceau toute la finesse de ces contours. Derrière les oreilles, petites et bordées d'un ourlet de nacre comme un coquillage de Ceylan, un tendre rameau de siricha, attaché à un nœud de filigrane, laissait pendre avec grâce sur la joue délicate de la jeune fille la houppe soyeuse et parfumée de ses fleurs. Ses cheveux, dont la raie était marquée par une ligne de carmin, se divisaient en bandeaux pour se réunir sur la nuque en tresses mêlées de fils d'or; des plaques de pierreries ressortaient sur ce fond d'un noir bleuâtre.

Sa gorge, contenue dans une étroite brassière de soie cramoisie surchargée de tant d'ornements que l'étoffe disparaissait presque, était séparée par un nœuf formé des filaments de lotus qui brillaient comme des fils d'argent ou des rayons de lune tissés. Ses bras fins, arrondis, flexibles, comme des lianes, étaient serrés près de l'épaule par des bracelets en forme de serpents pareils à ceux du dieu Mahadeva, et au poignet par un quintuple rang de perles. Ses mains, d'une petitesse enfantine, avaient la paume et les ongles teints en rouge, et des anneaux de brillants scintillaient à leurs phalanges; un cercle d'or constellé d'améthystes et de grenats emprisonnait sa taille souple, nue du corset à la hanche, suivant la mode orientale, et fixait les plis d'un pantalon d'étoffe bariolée qui, arrêté aux chevilles, laissait voir jaillissant d'un amas de bracelets de perles et de cercles d'or ornés de petites clochettes, deux pieds mignons aux talons polis, aux doigts chargés de bagues et colorés en rose par le hinna, comme les joues d'une vierge qui rougit de pudeur. Une écharpe nuancée d'autant de couleurs que l'arc-en-ciel ou la queue du paon qui sert de monture à Saraswasti, et dont les bouts passaient sous la ceinture d'or, jouait à plis caressants autour de ce corps onduleux et mince comme une tige de palmier. Sur la poitrine ruisselait, avec un frisson métallique, une cascade de colliers; perles de toutes couleurs, chaînons bruissants, boules dorées, fleurs de lotus réunies en chapelet; tout ce que la coquetterie indienne peut inventer de splendide et de suave : des marques mysterieuses faites avec la poudre de santal se dessinaient vaguement à la base du cou parmi cet éclat phosphorescent, et pour que rien ne manquât à la localité du costume, la jeune fille exhalait autour d'elle un faible et délicieux parfum d'ousira.

Ni Parvati, la femme de Mahadeva, ni Misrakesi, ni Menaca n'égalaient en beauté la jeune Indienne, qui s'avança vers Volmerange, pétrifié de surprise, en faisant bruire dans sa marche ses colliers, ses bracelets et les clochettes de ses chevilles.

La poésie mystérieuse de l'Inde

semblait personnifiée dans cette belle fille, éclatante et sombre, délicate et sauvage, luxueuse et nue, faisant appel à toutes les idées et à tous les sens; aux idées par ses tatouages et ses ornements symboliques; aux sens, par sa beauté, son éclat et son parfum; l'or, les diamants, les perles, les fleurs faisaient d'elle un foyer de rayons dont les moins vifs n'étaient pas ceux de ses prunelles.

Elle vint ainsi jusqu'au divan avec des ondulations alanguies pleines d'une chaste volupté, appuyant un peu le talon comme Sa-

maginer à moins avoir la cervelle dérangée, et cependant rien n'était plus réel que l'être charmant incliné à ses pieds.

Cette scène faisait à Volmerange une impression profonde. Sa mère était Indienne et d'une de ces races royales dépossédées par les conquêtes des Anglais. Les gouttes de sang asiatique qui coulaient dans ses veines, mêlées au sang glacé du nord, semblaient en ce moment couler plus rapides et entraîner dans leur cours la portion européenne. Ses souvenirs d'enfance revenaient en foule; il voyait comme dans un

countala sur le sable du sentier fleuri, et quand elle fut parvenue en face de Volmerange, elle s'agenouilla et se tint dans la même attitude de contemplation respectueuse que Laksmi admirant Wishnou couché dans sa feuille de lotus, et flottant sur l'infini, à l'ombre de son dais de serpents.

Malgré toutes les raisons qu'il avait de se croire éveillé, Volmerange dut penser qu'il était le jouet de quelque hallucination prodigieuse. Il y avait si peu de rapports entre les événements de la nuit et ce qui se passait qu'on eût pu s'i-

mirage s'élever à l'horizon les cimes neigeuses de l'Himalaya, les pagodes arrondir leurs dômes, l'asoca épanouir ses fleurs orangées, et le Malini bercer dans ses eaux bleues des couples de cygnes en amour. Toute la poésie du passé renaissait dans cette rétrospection évocatrice.

L'architecture de la salle, les parfums de la madhavi, le costume du vieil Indou, l'éclat éblouissant de la jeune fille, éveillaient en lui des réminiscences endormies : la figure même de la belle créature affaissée à ses genoux dans une attitude d'adoration amoureuse ne lui était pas complétement inconnue, quoiqu'il fut sûr de la voir pour la première fois : où s'étaient-ils rencontrés? dans le monde des rêves ou dans quelque incarnation antérieure? C'est ce qu'il n'aurait su dire. Pourtant un essaim confus de pensées bourdonnait autour de sa tête, et il lui semblait avoir vécu longtemps avec celle qu'il regardait depuis quelques minutes à peine.

Le vieux fantôme à figure jaune et à robe blanche paraissait avoir compté sur cet effet, et il fixait avec une persistance étrange ses yeux flamboyants sur Volmerange pour suivre ses mouvements intérieurs. Apparemment le comte ne manifesta pas assez vite ses émotions au gré de Dakcha (c'est ainsi que se nommait l'Indien), car il fit signe à la jeune fille de prendre la parole.

— Cher seigneur, dit celle-ci, dans cet idiome indostani plein de voyelles et doux comme de la musique, ne vous souvient-il plus de Priyamvada?

Les sons de cette langue qu'il avait parlée aux Indes dès son enfance et qu'il avait négligée depuis qu'il habitait l'Europe ne présentèrent d'abord à ses oreilles qu'un murmure mélodieusement rhythmé, et il lui fallut un peu de temps pour en saisir le sens : il avait compris l'air avant les paroles.

— Priyamvada, dit-il lentement et comme pour se donner le temps de se ressouvenir, Priyamvada.... celle dont le langage a la douceur du miel.... Non, je ne me la rappelle pas... pourtant il me semble... Oui, c'est cela : j'ai connu autrefois une enfant, une petite fille.

— Dix ans écoulés ont fait une jeune fille de l'enfant née de la sœur de votre mère.

— Ah! c'est toi à qui je donnais pour jouer de petits éléphants d'ivoire, des tigres de bois sculpté et des paons de terre cuite peints de mille couleurs. Priyamvada, ma cousine au teint doré, j'avais un peu oublié cette parenté sauvage.

— Je ne l'ai pas oubliée, moi, et j'honore en vous le dernier de cette race de rois qui ont eu des dieux pour ancêtres et se sont assis sur les nuages avant de s'asseoir sur des trônes...

— Quoique votre père fût européen, ajouta Dakcha, une seule goutte de ce sang divin transmise par votre mère vous fait le fils de ces dynasties qui vivaient et florissaient des siècles avant que votre froide Europe fût sortie du chaos ou émergée des eaux diluviales.

— Vous êtes l'espoir de tout un peuple, ajouta Priyamvada de sa voix musicale et caressente, avec un accent d'indicible flatterie.

— Moi, l'espoir de tout un peuple ! quelle étrange folie ! répliqua Volmerange.

— Oui, Priyamvada a dit la vérité, ajouta Dakcha en s'inclinant et en croisant sur sa poitrine osseuse ses mains décharnées et noires comme les pattes d'un singe ; vous êtes désigné par le ciel à de grands destins. Touché des souffrances de mon pays, je me suis voué pendant trente ans aux plus effroyables austérités pour obtenir sa grâce des dieux ; né riche, j'ai vécu comme le plus pauvre paria ; j'ai traité si durement ce misérable corps, qu'il ressemble à ces momies desséchées depuis quarante siècles dans les syringes de l'Égypte, car j'ai voulu détruire cette chair infirme pour que l'âme dégagée pût remonter à la source des choses et lire dans la pensée des dieux. Oh ! j'ai bien souffert, continua-t-il avec une exaltation croissante; et le don de voir, je l'ai chèrement payé. La pluie a fait ruisseler ses torrents glacés et le soleil ses torrents de feu sur mon corps immobile, dans la position la plus gênante. Mes ongles ont, en poussant, percé mes mains fermées; brûlant de soif, exténué de faim, hideux, souillé de poussière, n'ayant plus rien d'humain, je suis resté là, bien des étés, bien des hivers, objet d'épouvante et de pitié : les termites bâtissaient leur cité à côté de moi; les oiseaux du ciel faisaient leurs nids dans mes cheveux hérissés en broussaille; les hippopotames cuirassés de fange venaient se frotter à moi comme à un tronc d'arbre; le tigre aiguisait ses griffes sur mes côtes, me prenant pour une roche; les enfants cherchaient à m'arracher les yeux en les voyant luire comme des morceaux de cristal dans ce tas de fange inerte. Le tonnerre m'est tombé une fois dessus, sans pouvoir interrompre mes prières. Aussi Brahma, Wishnou et Shiva ont-ils pris ma pénitence en considération, et la vénérable Trimurti, lorsque, mon temps achevé, je suis allé la consulter dans les cavernes d'Eléphanta, a-t-elle daigné me dire trois fois, par les bouches de sa triple tête, le nom du sauveur prédestiné.

En tenant cet étrange discours, Dakcha semblait s'être transfiguré; sa taille voûtée s'était redressée, ses yeux étincelaient d'enthousiasme, une lumière intérieure éclairait sa face brune; ses rides avaient presque disparu, et la jeunesse de l'âme, amenée à la surface, voilait momentanément la décrépitude du corps.

Volmerange surpris l'écoutait avec une sorte d'effroi respectueux, et Priyamvada, saisie d'admiration, prit le bord de la robe du saint

homme et la baisa religieusement :
pour elle Dakcha était un Gourou,
un être divin. Quand elle se releva,
ses yeux étaient remplis de larmes
comme deux calices de lotus emperlés par la rosée matinale.

Ce groupe était d'un effet charmant. Cette jeune créature, aux mouvements gracieux, aux formes arrondies, aux vêtements somptueux, formait un contraste comme cherché à plaisir avec ce vieillard sec, anguleux et fauve; on eût dit la personnification de la poésie à côté de la personnification du fanatisme.

Cette scène étrange avait distrait

le comte des événements de la nuit; tout ce qui s'était passé dans la chambre nuptiale et sur le pont de Blackfriars lui produisait l'effet d'un cauchemar fiévreux chassé par les douces clartés du matin; il se demandait si lui, Volmerange, s'était bien réellement marié la veille et avait jeté sa femme coupable dans la Tamise. Cet avertissement, ces lettres, cet écroulement de son bonheur, cette catastrophe horrible, le laissaient presque incrédule, et il restait là rêveur, à regarder Dakcha et Priyamvada.

Dakcha, revenu de son exaltation,

rentrait peu à peu dans la vie réelle et perdait son air inspiré ; ce n'était plus que le vieillard parcheminé dont nous avons tracé plus haut le portrait. Le prophète avait disparu ; il ne restait plus que l'homme, et l'homme dit au comte avec un sourire obséquieux :

— Maintenant que Votre Seigneurie sait qu'elle est chez le mouni Dakcha, de la secte des Brahmanes, je puis me retirer. Des ablutions à faire, pour me purifier des souillures qu'un saint même ne peut éviter dans ces villes infidèles, m'obligent à rentrer dans ma chambre orientée. Priyamvada réstera avec vous, et son entretien vous sera plus agréable sans doute que celui d'un vieux brahme épuisé par la pénitence.

Après avoir dit ces mots, Dakcha laissa retomber l'épaisse portière dont il avait soulevé le pli, et disparut.

Priyamvada, se groupant aux pieds de Volmerange avec la grâce d'une gazelle familière, lui prit la main, et levant vers lui ses yeux brillants sous leurs lignes de surmeh, lui dit d'une voix pleine de roucoulements mélodieux :

— Qu'a donc mon gracieux sei-

gneur ? il semble triste et préoccupé;
ne serait-il pas heureux ?

Un soupir fut la seule réponse de Volmerange.

— Oh! personne n'est heureux, continua Priyamvada, dans ce climat maudit, sur cette terre ingrate où les fleurs ne peuvent éclore qu'emprisonnées sous verre avec un poêle pour soleil, où les femmes sont pâles comme la neige sur le sommet des montagnes et ne savent pas aimer.

Cette phrase, qui ravivait les blessures de Volmerange, lui fit faire un soubresaut douloureux, ses yeux étincelèrent.

La jeune Indienne, saisissant au vol cet éclair de colère, comprit qu'elle avait touché juste et reprit de sa voix la plus douce :

— Une femme d'Europe aurait-elle causé quelque chagrin au descendant des rois de la dynastie lunaire ?

Volmerange ne répondit pas, mais un profond sanglot souleva sa poitrine.

Fondant sa voix dans une intonation plus moelleuse encore, Priyamvada continua son interrogatoire :

— Est-li possible que mon seigneur, dont la beauté éclatante surpasse celle de Chandra lorsqu'il parcourt le ciel sur son char d'argent, n'ait pas été aimé aussitôt qu'il a daigné abaisser son regard sur une simple jeune fille, lui que les Apsaras seraient heureuses de servir à genoux?

En prononçant cette phrase, la jeune Indienne avait noué ses bras autour du corps de Volmerange comme une jolie mâlicâ en fleur qui s'élance au tronc d'un amra; son charmant visage, rapproché de celui du comte, semblait dire, par l'éclair mouillé des yeux et la grâce compatissante du sourire, combien son beau cousin d'Europe eût été avec elle à l'abri d'un semblable malheur.

Pour toute réponse, Volmerange pencha sa tête sur l'épaule de Priyamvada, qui bientôt la sentit trempée de larmes.

— Eh quoi! dit Priyamvada en essuyant d'un chaste baiser les larmes aux paupières de Volmerange, une de ces capricieuses femmes du Nord, plus changeantes que les reflets de l'opale ou la peau du caméléon, aurait-elle trompé le gracieux seigneur, comme s'il pouvait avoir son égal dans la nature, car un homme de la race des dieux ne pleure que pour une trahison?

— Oui, Priyamvada, j'ai été trahi, indignement trahi, s'écria Volmerange, ne pouvant plus contenir ce secret fatal.

— Et j'espère, répondit Priyamvada du ton le plus tranquille, le plus musical, que mon cher seigneur a tué la coupable?

— La Tamise a caché et puni sa faute.

— C'est un châtiment bien doux; dans mon pays, le pied de l'éléphant se fût posé sur cette poitrine menteuse et y eût lentement écrasé le cœur de la perfide; ou bien le tigre eût déchiré comme un voile de gaze ce corps souillé d'un autre amour, à moins que le maître n'eût préféré enfermer la criminelle dans un sac avec un nid de cobra-capello. Que ce souvenir s'efface de votre esprit comme un petit nuage balayé du ciel, comme un flocon d'écume qui se fond dans l'Océan; oubliez l'Europe et venez dans l'Inde où les adorations vous attendent. Là sous un climat de feu, on respire des brises chargées d'enivrants parfums; les fleurs géantes ouvrent leurs calices comme des urnes; le lotus s'étale langoureusement sur les tirthas consacrés; dans les forêts et dans les prés croissent les cinq fleurs dont Cama, le dieu de l'amour, arme les pointes de ses flèches; le tchampaca, l'amra, le kesara, le ketaca et le bilva, qui toutes allument au cœur un feu différent, mais d'une ardeur égale; les chants plaintifs des cokilas et des tchavatracas se répondent d'une rive à l'autre; là un regard attache pour la vie; là une femme aime au delà du trépas, et sa flamme ne peut s'éteindre que dans les cendres du bûcher : c'est là qu'il faut vivre, c'est là qu'il faut mourir pour un unique amour. Oh ! viens là-bas, cher maître, et dans les bras et sur le cœur de Priyamvada s'évanouira bientôt, comme le songe d'une nuit d'hiver, ce long cauchemar septentrional que tu as cru être la vie !

L'Indienne, se croyant déjà sans doute revenue dans sa patrie, attirait Volmerange sur son sein, où frémissaient les colliers d'or, où les perles s'entrechoquaient soulevées par sa respiration saccadée. Ainsi enveloppé, enlacé par les caresses hardiment virginales de cet être aux passions naïves et chastes comme la nature aux premiers jours de la création, Volmerange éprouvait un trouble profond et sentait des vagues de flamme lui passer sur le visage; son bras, sans qu'il en eût la conscience, se ferma de lui-même sur la taille cambrée de Priyamvada.

Un pli de la portière se dérangea un peu, et laissa scintiller les yeux métalliques du vieux brahme.

Volmerange et Priyamvada étaient trop occupés d'eux-mêmes pour y faire attention.

— Bien, se dit Dakcha en contemplant le spectacle, il paraît que l'Europe et l'Inde se réconcilient, et que Priyamvada et Volmerange veulent s'unir selon le mode gandharva, un mode très-respectable et que Manou admet parmi ses lois. Rien ne pouvait mieux servir mes projets.

Et il se retira aussi doucement que possible.

— Viendrez-vous avec moi dans le Pendjab? dit Priyamvada au comte, dont les lèvres venaient d'effleurer son front.

— Oui, mais il me reste un coupable à punir, répondit Volmerange d'un ton où tremblait la fureur.

— C'est juste, répliqua la jeune fille, mais permettez à votre esclave de s'étonner qu'un homme qui vous a offensé ne soit pas encore anéanti par votre vengeance.

— Je ne le connais pas ; j'ai eu la preuve du crime et j'ignore le criminel. Un art infernal a ourdi cette trame. Aucun indice, aucune trace ne peut me guider.

— Écoutez-moi, dit Priyamvada pensive ; vous autres Européens, qui vous fiez à vos sciences factices inventées d'hier, vous ne vivez plus dans le commerce de la nature, vous avez brisé les liens qui rattachent l'homme aux puissances occultes de la création. L'Inde est le pays des traditions et des mystères, et l'on y sait encore plus d'un vieux secret autrefois communiqué par les dieux qui confondrait d'étonnement vos sages incrédules. Priyamvada n'est qu'une simple jeune fille que les orgueilleuses ladies traiteraient comme une sauvage bonne à égayer une soirée; mais j'ai entendu plus d'une fois les brahmes, assis sur une peau de gazelle entre les quatre réchauds mystiques, parler de ce qui se pouvait et de ce qui ne se pouvait pas. Eh bien! je vais vous faire découvrir le coupable, fût-il caché à l'autre bout de la terre.

CHAPITRE XIV.

XIV.

Priyamvada se leva et alla prendre dans un coin de la salle une petite table de laque de Chine qu'elle apporta devant Volmerange, qui suivait tous ses mouvements avec une curiosité inquiète.

Une fleur de lotus rose, fraîchement épanouie, trempait sa queue dans une coupe de cristal pleine d'eau. Priyamvada prit la fleur et vida la coupe sur la terre d'un vase du Japon; puis elle la posa sur la table après l'avoir remplie d'une eau nouvelle puisée dans une buire curieusement ciselée et fermée avec soin.

— Ceci, dit la jeune Indienne, est l'eau mystérieuse qui est descendue du ciel sur la montagne Chimavontam, et coule du mufle de la vache sacrée conduite dans ses détours par le pieux Bagireta; c'est l'eau sainte du fleuve qu'on appelait autrefois Chlialoros, et que maintenant on nomme le Gange. Je l'ai recueillie en me penchant de l'escalier de marbre de la pagode de Benarès, et avec les formalités voulues ; elle a donc toutes ses vertus divines, et le succès de notre expérience est infaillible.

Le comte écoutait Priyamvada de toute son attention, sans se rendre compte de ce qu'elle voulait faire.

Elle ouvrit différentes boîtes d'où elle tira des poudres qu'elle disposa sur des brûle-parfums de porcelaine aux quatre coins de la table, de légers nuages bleuâtres commencèrent à s'élever en spirales et à répandre une odeur pénétrante.

— Maintenant, dit Priyamvada à Volmerange, penchez votre visage sur cette coupe, et plongez votre regard dans l'eau qu'elle contient avec toute la fixité dont vous serez capable, pendant que je vais prononcer les paroles magiques et faire l'appel aux puissances mystérieuses.

Rien ne ressemblait moins aux sorcelleries ordinaires que cette scène : point de caverne, point de taudis, point de crapaud familier, pas de chat noir, pas de grimoire graisseux : une salle vaste et splendide, une coupe d'eau claire, des parfums et une jeune fille charmante; il n'y avait là rien de bien effrayant, et pourtant ce ne fut pas sans un certain battement de cœur que Volmerange s'inclina sur la coupe. L'inconnu alarme toujours un peu, sous quelque forme qu'il se présente.

Debout près de la table, Priyamvada récitait à demi-voix et dans une langue inconnue à Volmerange des formules d'incantation. La plus vive ferveur paraissait l'animer; ses yeux se levaient au plafond, et leurs prunelles, fuyant sous les paupières, ne laissaient plus voir que le blanc nacré du cristallin. Sa gorge se gonflait, soulevée par d'ardents soupirs, et le feu de la prière glissait des teintes pourprées sous l'ambre jaune de sa peau. Elle continua ainsi quelque temps, et, revenant à un idiome intelligible, elle dit, comme s'adressant à des êtres visibles seulement pour elle : « Allons, le Rouge et le Doré, faites votre devoir. »

Volmerange, qui jusque-là s'était tenu penché sur la coupe sans y découvrir autre chose que de l'eau claire, vit se répandre tout à coup dans sa limpidité un nuage laiteux, comme si une fumée montait du fond.

— Le nuage a-t-il paru? demanda la jeune Indienne.

— Oui, on dirait qu'une main invisible a répandu une essence dans cette eau qui a blanchi tout à coup.

— C'est la main de l'Esprit qui trouble l'eau, répondit Priyamvada du ton le plus simple.

Le comte ne put s'empêcher de relever la tête.

— Ne regardez pas hors de la table, s'écria Priyamvada d'un ton suppliant, vous rompriez le charme.

Docile à l'injonction de sa brune cousine, Volmerange inclina de nouveau le front.

— Que voyez-vous maintenant?

— Un cercle coloré se dessine au fond de la coupe.

— Rien qu'un seul?

— Oh! le voici qui se dédouble et brille nuancé de toutes les couleurs du prisme.

— Deux, ce n'est pas assez, il en faut trois : un pour Brahma, un pour Wishnou, un pour Shiva. Regardez bien attentivement, je vais répéter l'incantation, dit Priyamvada, en reprenant son attitude excentrique.

Le troisième cercle parut ; d'abord indécis et décoloré, pareil à ces ombres d'arc-en-ciel qui se projettent à côté du véritable ; bientôt il arrêta ses contours et s'inscrivit radieux et brillant à côté des deux autres.

— Il y a trois cercles à présent, s'écria le comte, qui, malgré son incrédulité européenne, ne pouvait s'empêcher d'être étonné de l'apparition de ces trois anneaux flamboyants, qu'aucune raison physique n'expliquait.

— Les anneaux y sont tous les trois, dit Priyamvada ; le cadre est prêt. Esprits, amenez celui qu'on veut voir. En quelque partie du monde et en quelque temps qu'il ait vécu, fût-ce avant Adam, qui est enterré dans l'île de Serendib, forcez-le à paraître et à se trahir lui-même, ombre, s'il est mort, portrait, s'il est vivant.

Ces paroles, dites du ton le plus solennel, firent pencher plus avidement Volmerange sur la coupe. Devait-il croire à l'efficacité des incantations magiques de Priyamvada? Ses préjugés d'homme civilisé se révoltaient à cette idée, et cependant les effets déjà produits ne lui permettaient guère d'être incrédule. Son incertitude, en tout cas, ne devait pas durer longtemps.

Au fond de la coupe, dans l'espace

circonscrit par les trois anneaux lumineux, Volmerange vit apparaître dans les profondeurs d'un immense lointain un point qui s'approchait avec rapidité, se dessinant de plus en plus nettement.

— Voyez-vous apparaître quelque chose? dit Priyamvada à Volmerange.

— Un homme dont je ne puis encore discerner les traits, s'avance vers moi.

— Lorsque vous le verrez plus distinctement, tâchez de bien graver ses traits dans votre mémoire, car je ne puis deux fois détacher un spectre de la même personne, ajouta la jeune Indienne d'un ton grave.

La figure évoquée prenait plus de précision, ébauchée sous l'eau par un pinceau mystérieux; un éclair traversa la coupe, et Volmerange reconnut, à n'en pouvoir douter, la tête pâle et fine de Xavier.

Il poussa un cri d'étonnement et de rage; le nuage laiteux remplit de nouveau la coupe, l'image se troubla et tout disparut.

— Dolfos! un des membres de notre junte, poursuivit Volmerange atterré. Dolfos était le vrai nom de Xavier, qui n'était connu d'Edith que sous ce pseudonyme. Xavier, ou pour mieux dire Dolfos, ne pouvant prévoir cette scène d'hydromantie, avait cru ajouter ainsi à l'obscurité dont il avait enveloppé sa ténébreuse intrigue.

Priyamvada, qui ne paraissait nullement surprise de ce résultat prodigieux, reversa l'eau du Gange dans le vase où elle l'avait puisée.

— Maintenant, mon cher seigneur peut se venger s'il le veut, dit la jeune fille; par mon art, je lui ai donné le signalement du coupable.

— Écoute, Priyamvada, rugit le

comte en se dressant de toute sa hauteur, je te suivrai dans l'Inde, je ferai tout ce que tu voudras ; mon cœur et mon bras t'appartiennent pour le service que tu viens de me rendre. Maintenant, laisse-moi sortir d'ici : je suis tout à ma vengeance.

— Va, répondit Priyamvada, sois terrible comme Durga plongeant son trident au cœur du vice, féroce comme Narsingha, l'homme-lion, déchirant les entrailles d'Hiranya-casipu.

Et elle prit la main du comte qu'elle conduisit par différents détours jusqu'à une porte qui donnait sur la rue.

Quand elle revint, Dakcha, qui avait suivi toute cette scène, caché derrière le rideau, était debout au milieu de la chambre, le coude appuyé sur le bras et le menton sur la paume de la main, dans une attitude méditative. Au bout de quelques secondes, il dit à Priyamvada :

— Je pense, jeune fille, que tu as eu tort de laisser aller le cher seigneur... S'il ne revenait pas?..

— Il reviendra, répondit l'Indienne, en faisant luire, derrière l'anneau de brillants de ses narines, un sourire plein de malice et de coquetterie naïve.

Lorsque Volmerange se trouva dans la rue, il crut avoir été le jouet d'un rêve. Devait-il ajouter foi à cette fantasmagorie, et Dolfos était-il véritablement le coupable ? Un secret instinct lui disait oui, quoiqu'il ne pût appuyer sa conviction d'aucun indice.

En supposant qu'il fût coupable, comment le lui prouver ? la seule qui eût pu dire la vérité roulait vers la mer, du moins Volmerange le croyait, emportée par les flots bourbeux de la Tamise ; et, d'ailleurs, où trouver Dolfos, qu'il n'avait pas vu depuis deux ou trois ans, dont il ignorait complétement le genre de vie, car cette nature froide et souterraine lui avait toujours été antipathique? Ils s'étaient rencontrés quelquefois, et leurs rapports s'étaient maintenus dans cette politique stricte qui touche à l'insulte. Quelques affaires de femmes, où Dolfos, en rivalité avec Volmerange, n'avait pas eu le dessus, semblaient avoir laissé dans l'âme du premier une rancune profonde qu'il cachait soigneusement, mais qui avait fait pulluler les vipères dans ce cœur malsain.

Une autre incertitude torturait Volmerange. Dolfos avait peut-être agi d'après les ordres de la junte, et alors, appuyé par cette puissante association, il pourrait échapper au châtiment qu'il méritait ; un vaisseau l'emportait sans doute vers un pays inconnu et le dérobait pour toujours à ses recherches.

Il en était là de ses raisonnements, lorsque tout à coup, par un de ces hasards vrais dans la vie, invraisemblables dans les romans, Dolfos, tournant un angle de rue, se rencontra face à face avec lui.

A l'aspect de Volmerange, Dolfos comprit qu'il savait tout : il eut peur à la vue de ce visage livide où flamboyaient deux yeux pleins d'éclairs, et il se rejeta en arrière par un mouvement brusque; mais la main du comte s'abattit sur son bras comme un crampon de fer et le fixa sur la place.

— Dolfos, dit le comte, je sais tout, n'essaie pas de nier : tu m'appartiens, suis-moi.

Le misérable tâcha de se débarrasser de l'étreinte de cette main nerveuse, mais il ne put y réussir.

— Faut-il que je te soufflète en pleine rue, comme un lâche, pour te forcer à te battre? poursuivit Volmerange : j'ai le droit de t'assassiner, et pourtant je risquerai ma vie contre la tienne, comme si tu étais un homme d'honneur. Séduire une femme, cela se conçoit, l'amour excuse tout; mais la perdre dans un but de calcul et de haine, l'enfer n'a rien de plus monstrueux et de plus abominable. Tu m'as fait meurtrier, il faut que je te tue. Je te dois à l'ombre d'Edith.

— Eh bien! oui, je vous suivrai,

répondit Dolfos, mais desserrez ces doigts qui me brisent le poignet.

— Non, répondit Volmerange, tu te sauverais.

Une voiture passa, le comte l'appela, et y fit monter devant lui Dolfos, blême et tremblant.

— Menez-nous, dit le comte, à ***.

C'était une petite maison de campagne, un cottage que le comte possédait aux environs de Richmond.

Le trajet, quoique rapide, parut long aux deux ennemis : Dolfos, rencogné dans un angle de la voiture, semblait une hyène acculée par un lion. Volmerange le couvait d'un œil sinistre et flamboyant ; il était calme et Dolfos agité.

Enfin on arriva à la porte du cottage : un vieux serviteur était chargé de la garde de cette maison, où le comte ne venait que rarement et seulement pour faire avec ses amis quelque joyeuse partie de garçons.

Ce cottage, espèce de petite maison de Volmerange, était disposé d'une façon discrète : aucune vue ne plongeait dans son parc entouré de hautes palissades. Pas de voisinage importun : l'amour pouvait y pousser ses soupirs, l'orgie y crier sa folle chanson, sans éveiller l'attention de personne ; mais, par exemple, on aurait pu s'y égorger en toute sécurité. Avec des intentions voluptueuses, c'était une grotte de Calypso ; avec des intentions sinistres, un antre de Cacus : qu'on nous pardonne cette mythologie. Les intentions de Volmerange n'étaient pas gaies, c'était donc un coupe-gorge.

Le jour commençait à baisser, et la chambre dans laquelle Volmerange entra, poussant Dolfos, était humide et froide comme l'antichambre d'un tombeau ; elle n'avait pas été ouverte depuis longtemps.

Dolfos se laissa tomber dans un

fauteuil et s'appuya la tête sur une de ses mains. Il était profondément abattu. Quoique d'une imagination audacieuse, il n'avait pas le courage physique. Le repentir lui venait comme il vient aux lâches lorsqu'ils sont découverts. —Quoiqu'il eût reçu de la junte l'ordre de détourner Volmerange d'Edith, certes il avait outrepassé ses pouvoirs d'une façon odieuse, et fait dans cette intrigue une part trop grande à sa haine particulière. Il éprouvait ce regret amer et sans compensation des scélérats qui n'ont pas réussi.

— Daniel, allez-vous-en porter

cette lettre à la ville, dit Volmerange, après avoir plié un papier, au vieux gardien qu'il avait appelé; c'est très-pressé.

Le vieux serviteur partit, et lorsque Volmerange eut entendu refermer la porte d'entrée, il dit à Dolfos :

— A nous deux maintenant!

Et détachant d'un trophée d'armes suspendu au mur deux épées de pareille longueur qu'il mit sous son bras, il se dirigea vers le jardin. Livide comme un spectre, les dents serrées, les yeux injectés de sang, Dolfos suivait Volmerange de ce pas machinal dont le patient suit le bourreau. Il eût voulu crier, mais la voix tarissait dans son gosier aride; et d'ailleurs personne n'eût entendu ses cris. Il lui prenait l'envie de s'arrêter, de se coucher par terre et d'opposer une résistance inerte ; mais Volmerange l'eût fait marcher avec sa main puissante, comme le croc qui traîne un cadavre aux gémonies. Il allait donc, muet et stupide, lui si éloquent et si retors, car il avait senti tout de suite l'inutilité de la prière ou du mensonge.

En passant devant une resserre

rustique, Volmerange y entra un instant, et en ressortit avec une bêche.

Ce détail sinistre glaça Dolfos. Ils marchèrent ainsi jusqu'au fond du parc.

Arrivé là, Volmerange s'arrêta et dit : La place est bonne.

La place était bonne, en effet : des arbres plus qu'à moitié effeuillés par l'automne, et profilant leurs noirs squelettes sur les nuages sanguinolents du soir, dessinaient à cet endroit comme une espèce de cirque fait exprès pour la lutte.

Le comte, déposant les deux épées hors de la portée de Dolfos, prit la bêche et traça sur le sable un parallélogramme de la longueur à peu près d'un homme couché; puis il se mit creuser, rejetant la terre à droite et à gauche.

Glacé d'épouvante, Dolfos s'était appuyé contre un arbre, et, d'une voix affaiblie, il dit à Volmerange :

— Que faites-vous? grand Dieu!

— Ce que je fais? répondit Volmerange sans quitter sa besogne; je creuse votre fosse ou la mienne, selon les chances; le survivant enterrera l'autre...

— Mais c'est horrible! râla Dolfos.

—Je ne trouve pas, continua Volmerange avec une ironie cruelle ; nous n'avons pas, que je pense, l'idée de nous faire seulement quelques petites égratignures; cette manière est commode et décente. Mais bêchez donc un peu à votre tour, ajouta-t-il en sortant de la fosse creusée à moitié; il n'est pas juste que je me fatigue tout seul, faisons en commun le lit où l'un de nous doit coucher.

Et il remit la bêche aux mains de Dolfos.

Celui-ci, tout tremblant, donna au hasard cinq ou six coups qui enlevèrent à peine quelques mottes de terre.

— Allons, laissez-moi finir, dit Volmerange en reprenant l'outil, vous qui êtes si bon comédien, vous ne joueriez pas bien le rôle du fossoyeur dans *Hamlet;* vous bêchez mal, mon maître.

La nuit était presque tombée lorsque le comte eut terminé son lugubre travail.

— Aux épées maintenant, c'est

assez pioché comme cela ! dit le comte en en jetant une à Dolfos et en gardant l'autre pour lui.

— Il ne fait plus clair, cria le misérable ; allons-nous donc nous égorger à tâtons ?

— On y voit toujours assez clair pour se tuer. Passer de la nuit à la mort est une transition facile ; si noir qu'il fasse, nous sentirons bien toujours nos épées nous entrer dans le corps, dit le comte en portant une botte terrible à Dolfos qui poussa un gémissement.

— J'ai touché, dit le comte, la pointe de mon épée est mouillée,

Dolfos, exaspéré, se fendit à fond sur le comte.

Volmerange para le coup par une prompte retraite, et liant son fer avec celui de son adversaire, lui fit sauter l'épée des mains.

Se voyant perdu, Dolfos se jeta par terre, et s'aplatissant comme un tigre, saisit Volmerange par les jambes et le fit tomber.

Alors commença une lutte affreuse. Serré par l'étreinte furieuse de Dolfos, dont la lâcheté au désespoir se tournait en rage de bête fauve, Volmerange ne pouvait se servir de son épée. Il essaya bien d'abord de la planter dans le dos de Dolfos, dût-il en clouant son adversaire sur lui se traverser le cœur, mais il ne put y réussir, le fer lui échappa. De sa main devenue libre, il empoigna son ennemi à la gorge.

La chute des deux adversaires avait eu lieu près de la fosse ouverte. En se roulant par terre dans les soubresauts et les convulsions de ce combat de cannibales, Volmerange et Dolfos arrivèrent près du trou béant et y roulèrent sans se quitter pêle-mêle avec la terre éboulée.

Seulement Dolfos était dessous. Les doigts de Volmerange s'incrustaient dans ses chairs et l'étranglaient comme fait une garotte espagnole. L'écume montait aux lèvres du misérable; un râle sourd grommelait dans sa gorge; et ses membres se raidissaient..... Mais bientôt ces tressaillements cessèrent, et Volmerange s'arrachant à l'étreinte du cadavre, s'élança sur le bord de la fosse et dit :

— Un mort qui s'est enterré lui-même, on n'est pas plus complaisant que cela ! Et prenant la bêche, il recouvrit en toute hâte le corps du vaincu, égalisant la terre avec soin et piétinant sur la place pour faire affaisser le sol nouvellement remué.

— Maintenant que ce compte est réglé, allons voir Priyamvada et quittons cette vieille Europe où je laisse deux cadavres !

CHAPITRE XV.

XV.

Nous avons laissé la *Belle-Jenny* débouquant de la Tamise et gagnant la haute mer. Le but du voyage, le capitaine l'ignorait sans doute, car lorsque les grandes vagues du large commencèrent à laver le bordage du navire, il demanda respectueusement à Sidney, rêveusement assis sur un tas de cordages roulés :

— Maître, où donc allons-nous?

— Vous le saurez quand nous serons arrivés, cher capitaine Peppercul.

— Oh! je ne le demande pas par curiosité, répondit le capitaine, mais le timonier est là qui attend pour pousser la roue de son gouvernail à droite ou à gauche.

— C'est juste, répliqua sir Arthur Sidney, avec un léger sourire, sans toutefois indiquer de destination.

— Le vent, continua Peppercul, a sauté depuis hier, il fait un temps superbe pour sortir de la Manche et entrer dans l'Océan ; si pourtant vous avez affaire dans la Baltique ou près du pôle, en louvoyant et en courant des bordées, on tâchera d'arriver.

— Puisque le vent nous pousse hors de la Manche, dit Sidney avec un air d'insouciance admirablement joué s'il n'était pas vrai, laissons faire le vent !

Le capitaine donna aussitôt les ordres pour qu'on fît tomber la *Belle-Jenny* dans le lit de la brise.

En un clin d'œil les voiles furent orientées, et le navire, pris en poupe par un souffle vif et soutenu, s'avança rapidement entre deux crêtes d'écume.

Voyant que Sidney gardait le silence, Peppercul ne jugea pas à propos de faire d'effort pour soutenir la conversation et se retira respectueusement à quelque distance.

Jack, l'ami de Mackgill, était en train de faire une épissure à une corde, lorsque Sidney l'appela.

— Faites monter dans ma cabine

la femme que nous avons recueillie cette nuit.

— Je vais l'apporter sur-le-champ à Sa Seigneurie, répondit Jack en plongeant par une écoutille comme un diable d'opéra qui disparaît dans le gouffre d'une trappe.

Pendant que Jack allait chercher Edith couchée dans un hamac sous les profondeurs de l'entrepont, Sidney, le front incliné par une préoccupation soucieuse, se dirigeait vers sa cabine pour s'y trouver en même temps que la jeune femme.

Ce ne fut pas cette ombre convulsive dont la blancheur perçait les ténèbres qu'encadra la porte de la cabine en s'ouvrant, mais un jeune homme mince et de taille moyenne, vêtu d'une cotte et d'une chemise de mousse : ses traits délicats et fins se dessinaient dans un ovale d'une pâleur extrême; ses yeux marbrés luisaient fiévreusement, et sa bouche abandonnée des couleurs de la vie, tranchait à peine sur le ton du reste de la peau. Une certaine confusion perçait à travers sa tristesse, et lorsque Sidney leva les yeux vers lui, une légère rougeur pommela ses joues.

Un certain étonnement se peignit

dans le regard de Sidney, qui attendait une femme et voyait paraître un mousse. Mais Jack, qui marchait derrière le prétendu jeune homme, comprit cette surprise et la fit cesser.

— Madame n'était, lorsque nous l'avons tirée de l'eau, vêtue que d'un simple peignoir de mousseline, et comme nous n'avons pas ici un assortiment de vêtements de femme, j'ai mis à côté de son hamac cette chemise de laine rouge et cette cotte goudronnée. Voilà pourquoi la femme repêchée se trouve être un joli mousse.

— C'est bien, Jack, laissez-nous, dit sir Arthur Sidney avec un signe impératif.

Sidney, resté seul avec Edith, fixa sur elle un œil scrutateur aussi perçant que celui de l'aigle ; ce n'était pas un regard, c'était comme un jet lumineux qui semblait aller chercher à travers le crâne ou la poitrine l'idée dans la cervelle et le sentiment dans le cœur.

Edith resta impassible pendant cet examen qui lui fut sans doute favorable, car Sidney se leva avec la même politesse respectueuse que s'il eût été dans un salon. Il lui prit la main par le bout des doigts, et lui dit, en la conduisant vers le divan garni de coussins qui occupait le coin de la cabine :

— Madame, daignez vous asseoir; vous paraissez faible et souffrante, et pour qui n'a pas le pied marin, il n'est pas facile de rester debout.

En effet, la *Belle-Jenny*, la bride sur le cou, faisait des foulées dans la mer comme un cheval fougueux, et le niveau du plancher se déplaçait à chaque instant.

Conduite par Sidney, Edith se laissa tomber plutôt qu'elle ne s'assit sur le divan.

Il y eut un instant de silence que rompit Sidney de sa voix harmonieuse et calme, rendue plus douce par un accent de pitié.

— Je ne vous demanderai pas, Madame, si c'est un crime ou un désespoir qui vous a précipitée dans la Tamise par cette affreuse nuit de tempête : un miracle a fait passer à côté de vous une barque remplie de gens qui se hâtaient dans l'ombre vers une œuvre mystérieuse. Vous êtes tombée du ciel au milieu de leur secret : par le coup de théâtre le plus imprévu, vous avez déjoué les précautions les mieux prises, et vous avez vu ce que nul ne doit voir ni redire; un coup de rame vous rendait au gouffre. Mes hommes n'attendaient qu'un signe.

— Oh! pourquoi ne l'avez-vous pas fait? interrompit Edith, en portant ses mains diaphanes à ses yeux rougis.

— Je ne l'ai pas fait, continua Sidney, car quelque chose a crié en moi, et il m'a semblé que replonger dans la mort l'être qu'un hasard merveilleux rattachait à la vie, eût été une barbarie froide, une espèce d'impiété envers le destin. Mais, je ne dois pas vous le cacher, cette existence que je vous ai rendue, il m'est interdit de vous en laisser la libre disposition, au moins jusqu'à l'achèvement de la grande œuvre à laquelle je travaille : le vaisseau qui nous emporte ne doit s'arrêter que dans les mers les plus lointaines. Jusque-là vous serez morte pour tout le monde.

— Ne craignez rien, mylord, je n'ai pas envie de ressusciter.

— Cet habit que vous avez pris, continua Sidney, vous le garderez quelque temps. — Plus tard, quand il faudra le quitter, je vous le dirai. N'ayez aucune crainte. Malgré nos airs sinistres et ténébreux, nous sommes d'honnêtes gens, nous tendons à un grand but. Et en disant ces mots, les yeux de Sidney resplendirent, son front rayonna, ses traits s'illuminèrent; mais bientôt, comme honteux de cette effusion, il reprit son regard tranquille et son attitude froide. Fiez-vous à ma loyauté, Madame, je ne vous aurais pas retirée de la mort par l'infamie, et puisqu'un assassinat ou un suicide vous ont jetée au fleuve, il faut que vous en sortiez radieuse et réconciliée; avec moi, les dangers du moins seront glorieux, et si vous succombez à la tâche, les siècles vous béniront.

— Oh! oui! répondit Edith, maintenant que tous les fils qui me liaient à l'existence ont été brisés, je sens que je ne puis vivre que pour le dévouement; moi, mes jours sont finis, je n'ai plus de but ni d'espoir, aucune raison d'être : tout m'est impossible, même la mort, puisque Dieu m'a suspendue sur le gouffre sans m'y laisser enfoncer. Disposez de votre servante, substituez votre volonté à la mienne, mettez votre âme dans mon cœur vide. Soyez ma pensée ; je m'abjure dès aujourd'hui, j'oublie qui j'ai été, qui je suis, je désapprendrai jusqu'à mon nom ; je prendrai celui que vous m'imposerez ; un fantôme, cela se baptise comme on veut ; je me tiendrai debout, et j'irai jusqu'au jour où vous me direz : Spectre, je n'ai plus besoin de toi, recouche-toi dans ta tombe.

— Je t'accepte, dit Arthur Sidney d'un ton solennel et presque religieux, toi qui te donnes sans réserve et te voues au but inconnu avec ardeur et foi, ô pauvre jeune âme brisée ; je te promets, à défaut de bonheur, au moins le repos. Désormais vous habiterez cette petite chambre à côté de ma cabine, et aux yeux de l'équipage, qui ne vous a pas vue dans vos habits de femme, vous passerez pour mon mousse.

Edith fut installée dans un étroit réduit, et son office, plus apparent que réel, se bornait à chercher un livre pour Sidney ou à lui apporter sa longue-vue; le reste du temps, appuyée sur le bastingage ou perchée dans le trinquet de gabie, elle noyait ses regards dans les nuages infinis et contemplait l'Océan, qui lui paraissait petit à côté de son chagrin.

Le vaisseau fuyait toujours, enfermé dans ce cercle d'airain que l'horizon de la mer trace autour des navires. Le soleil se levait et se couchait; les chevaux blancs secouaient leurs folles crinières; les marsouins jouaient au triton et à la sirène dans le sillage; de temps à autre une bande grisâtre, bordée d'écume, émergeait, loin, bien loin, sur la gauche de la *Belle-Jenny*, avec l'apparence d'un banc de nuages colorés par un rayon; des albatros, berçant leur sommeil avec leur vol, planaient au-dessus des mâts ou rasaient les vagues, une aile dans l'eau et l'autre dans l'air; à mesure qu'on avançait, le ciel était plus clair et les brumes du nord restaient en arrière comme des coureurs essoufflés.

Mais bientôt tout disparut : plus d'oiseaux, plus de silhouettes de côtes lointaines ; rien que la mer et le ciel avec leur grandeur monotone et leur agitation stérile. La chanson vénitienne, dans son admirable mélancolie, dit qu'il est triste de s'en aller sur la mer sans amour. C'est vrai, et c'est beau; l'amour seul peut remplir l'infini ! Mais sans doute la barcarolle n'entendait pas un amour sans espoir et brisé comme celui d'Edith pour Volmerange. Une grande tristesse envahit la pauvre jeune femme; elle ne pouvait s'empêcher de songer à la vie heureuse qu'elle aurait pu mener, et pour laquelle Dieu et la société l'avaient faite, et qu'une complication d'intrigues scélérates lui rendait impossible: elle pensait aussi à lord et à lady Harley, au désespoir affreux de ce noble père et de cette respectable mère, et des larmes coulaient silencieusement sur son beau et pâle visage, larmes plus amères que l'Océan où elles tombaient.

Contradiction bizarre, mais qui n'étonnera pas les femmes, elle aimait davantage Volmerange depuis cette nuit terrible : tant de violence prouvait aussi tant de passion ! Cette rigueur implacable lui plaisait ; plus d'indulgence eût témoigné de la froideur : il faut bien aimer pour se croire le droit de mort ! Quelles espérances de bonheur Volmerange avait-il donc fondées sur elle qu'il n'avait pu en supporter la ruine ? que faisait-il maintenant, désespéré, bourrelé de remords, forcé de fuir sans doute ? Quel effet avait produit dans le monde cette catastrophe sinistre et mystérieuse? telles étaient les questions toujours les mêmes et résolues de cent manières, que se posait Edith, tandis que la *Belle-Jenny*, tantôt poussée par une brise carabinée, tantôt ramassant dans ses toiles jusqu'au plus languissant souffle d'air, s'acheminait vers son but mystérieux.

Benedict, de son côté, pensait beaucoup à miss Amabel, et toutes les fois qu'il passait sur le pont à côté d'Edith, ils se regardaient tristement, et leurs chagrins se reconnaissaient.

Enfin on arriva en vue de Madère, et Sidney envoya un canot à la ville pour renouveler ses provisions et acheter une garde-robe complète de femme à Edith. Robes, linge, châles, chapeaux, rien n'y manquait; on eût dit un trousseau de jeune mariée. Cependant on ne lui fit pas quitter ses habits de mousse.

Soit qu'il crût devoir se soumettre au serment rappelé, soit que Sidney l'eût véritablement conquis à ses idées, Benedict ne s'était plus révolté contre cet enlèvement étrange qui l'avait arraché au bonheur d'une manière si soudaine, et il ne paraissait pas avoir conservé de rancune contre son ami.

Ils restaient ensemble de longues journées dans la cabine, accoudés à la table suspendue, couverte de papiers et d'instruments de mathématiques; sir Arthur Sidney, après de longues méditations, traçait sur une ardoise des dessins compliqués remplis de chiffres algébriques et de lettres de renvoi que Benedict recopiait au lavis en les épurant et en leur donnant toute la précision désirable; quelquefois, avant de les traduire sur le papier, il faisait à Sidney des observations que celui-ci écoutait avec une attention profonde, et qui amenaient quelque changement dans le plan primitif.

Bientôt, du plan, les deux amis passèrent à l'exécution d'un modèle réduit. Ils taillaient gravement de petites pièces de bois longues comme le doigt, et dont il eût été difficile de deviner la destination ; quand tout fut taillé, Sidney réunit avec beaucoup d'adresse les morceaux séparés et numérotés que lui tendait Benedict, qui paraissait, lui aussi, attacher un vif intérêt à l'opération. De ce travail acharné d'un mois, il résulta un canot d'un pied de long, tout à fait pareil en dehors à ceux qui composent ces flottilles que les enfants font flotter sur les bassins des parcs ou des jardins royaux, mais au dedans rempli de rouages, de tubes et de cloisons.

Ce résultat, puéril en apparence, sembla réjouir beaucoup les deux amis, et Sidney poussa un soupir de satisfaction en posant la dernière planchette.

— Je crois que nous avons réussi, dit Sidney, autant qu'on peut être sûr d'une chose par la théorie.

— Il faudra l'essayer, répondit sir Benedict Arundell.

— Rien n'est plus facile, répliqua Sidney en frappant un coup sur un timbre placé près de lui.

Suscité des profondeurs de la cambuse où il était en train de faire avec un ami des études comparatives sur la force spécifique de l'arack et du rhum, Jack apparut bientôt sur le seuil de la porte et attendit, en tournant son chapeau dans ses doigts, les ordres de sir Arthur Sidney.

— Apporte-nous une baille pleine d'eau, dit Sidney à Jack, qui, surpris de cet ordre bizarre, ne put s'empêcher de se faire répéter l'ordre.

— Votre Honneur a bien dit une baille pleine d'eau?

— Oui. Qu'y a-t-il là qui t'étonne? répliqua Sidney.

— Rien, mylord ; je croyais avoir mal entendu, répondit Jack, et je cours chercher l'objet demandé.

Quelques minutes après Jack reparut, portant avec son ami Mackgill une cuve remplie, qui fut délicatement posée à l'entrée de la chambre.

Quand les deux matelots se furent retirés, Sidney prit délicatement la petite chaloupe et la posa sur l'eau avec le sérieux d'un enfant qui croit lancer un vaisseau de guerre dans une cuvette.

Chose singulière, le canot, au lieu de flotter, comme on devait s'y attendre, s'enfonça graduellement et s'engloutit sous l'eau de la baille, ce qui parut charmer beaucoup Sidney et Benedict, bien qu'ordinairement les barques ne soient pas faites pour sombrer. Sidney, plein d'enthousiasme en remarquant que le petit canot n'allait pas jusqu'au fond de la cuve, s'écria :

— Regardez, Benedict, comme il se maintient à cette profondeur; mes calculs étaient justes. Oh ! maintenant je suis sûr de tout. Et ses yeux brillèrent, et sa narine se dilata enflée d'un souffle de noble orgueil; mais bientôt reprenant son sang-froid habituel, il releva sa manche, plongea son bras nu dans l'eau et en retira la petite chaloupe qu'il serra précieusement après l'avoir fait égoutter.

Le succès de cette opération parut aussi faire beaucoup de plaisir à Benedict, et à dater de ce jour, un rayon d'espérance égaya sa tristesse. Quant à la pauvre Edith, qui n'était pas dans le secret du canot, sa mélancolie s'était tournée en résignation morne. Comme nous l'avons dit, elle n'avait guère d'autre distraction que le spectacle de l'immensité.

Le voyage durait déjà depuis près de trois mois et ne semblait pas près de finir. Les Canaries, les îles du Cap-Vert, avaient fui bien loin à l'horizon; en passant à l'île de l'Ascension, Mackgill et Jack, envoyés dans la chaloupe à la grotte, aux renseignements, trouvèrent dans la bouteille suspendue à la voûte un papier roulé et couvert de signes énigmatiques, qu'ils portèrent à sir Arthur Sidney.

Sir Arthur lut couramment ce grimoire effroyable, après avoir posé dessus un papier découpé en grille qu'il tira de son portefeuille, et parut satisfait du contenu de la note hiéroglyphique, car il dit à Benedict : C'est bien ; tout va comme je veux.

L'île de l'Ascension dépassée, au bout de quelques jours de navigation, une espèce de nuage grisâtre commença à sortir de la mer comme un flocon de brume pompé par le soleil.

Bientôt le nuage devint un peu plus opaque, et ses contours se dessinèrent plus nettement à l'horizon clair; avec la longue-vue on pouvait en discerner la silhouette.

Ce n'était pas un nuage assurément.

C'était la terre; c'était une île : elle s'élevait graduellement du sein des eaux, ne montrant encore, à cause de la déclivité de la mer, que la découpure de ses montagnes. Mais bientôt, on la vit tout entière, immobile et sombre, au milieu de l'immensité, avec sa pâle ceinture d'écume.

D'énormes rochers à pic de deux mille pieds de haut faisaient surplomber leurs masses volcaniques sur la mer qui battait leur base et se roulait, échevelée et folle de colère, dans les anfractuosités creusées par ses attaques : on eût dit qu'elle avait conscience de ce qu'elle faisait, tant les flots revenaient à la charge avec acharnement.

Ces immenses masses granitiques, estompées à leur piedss par un brouillard d'écume, avaient la tête baignée de nuages mêlés de rayons. Leurs escarpements gigantesques, leurs flancs décharnés, où la lave des volcans refroidis traçait des sillons pareils à des cicatrices de blessures anciennes; leurs cimes effritées par les pluies torrentielles, présentaient un tableau d'une majesté sauvage et sinistre : ils avaient l'air grandiosement horrible.

Ces rochers paraissaient tombés là du haut du ciel le jour de l'escalade des géants; ils étaient encore tout écornés et tout brûlés des éclats de la foudre. Quelque chose de surhumain devait s'y passer, une vengeance inouïe, un supplice à rappeler les croix du Caucase, et l'on cherchait involontairement sur quelque cime la silhouette colossale d'un Prométhée enchaîné.

Pour peu que la fantaisie eût voulu s'y prêter, une nuée ouverte en aile, qui palpitait au-dessus d'une crête vaguement ébréchée en forme humaine, figurait suffisamment le vautour.

En effet, un Prométhée, aussi grand que l'autre, mugissait là, cloué depuis cinq ans par la Force et la Puissance, comme dans la tragédie d'Eschyle.

Tout l'équipage était sur le pont. Sir Arthur Sidney contemplait l'île noire avec un regard indéfinissable où il y avait de la honte, de la douleur et de l'espoir. Muet, il serrait la main de Benedict, debout à côté de lui et qui paraissait aussi pénétré d'une vive émotion. Le capitaine Peppercul avait laissé à moitié vide un gallon plein de rhum, ce qui était pour lui le plus haut signe de perturbation morale.

L'ordre fut donné de jeter l'ancre en face de la ville dont les maisons grisâtres se dessinaient au fond de la grande déchirure des montagnes ouvertes à ce seul endroit, car partout elles entourent l'île comme une ceinture de tours et de bastions.

Edith, qui, à bord de la *Belle-Jenny*, avait vécu dans un isolement parfait et ne s'était nullement rendu compte de la marche du navire, émue de curiosité à l'aspect de cette terre, s'approcha timidement de sir Arthur Sidney, qui, ne pouvant détacher ses regards du spectacle offert à ses yeux, lui posa le bout des doigts sur le bras, car il ne faisait aucune attention à elle, et lui dit d'une voix un peu tremblante, car jamais elle ne lui adressait la parole la première :

— Mylord, comment s'appelle cette île ?

— Cette île, répondit sir Arthur Sidney en sortant de sa rêverie et avec un accent singulier, cette île s'appelle SAINTE-HÉLÈNE !!!

CHAPITRE XVI.

XVI.

— Sainte-Hélène! soupira Edith, dont les yeux devinrent humides.

— Oui, répondit Sidney en suivant avec intérêt, sur la figure d'Edith, l'effet produit par ce mot magique.

— Oh! quel affreux séjour, continua Edith en joignant les mains.

— N'est-ce pas? bien affreux, répliqua sir Arthur Sidney, les yeux toujours fixés sur Edith.

— Ce serait une cruauté que de déporter là le crime!

— Et on y a déporté le génie! dit sir Benedict Arundell en se mêlant à la conversation.

— Quelle honte pour notre nation! poursuivit Sidney, comme en lui-même et absorbé dans une rêverie profonde; — mais... patience... Et il s'arrêta comme s'il avait peur d'en trop dire; puis il reprit sa physionomie impassible.

Seulement, au bout de quelques minutes de contemplation, il fit dire au capitaine Peppercul qu'il eût à mettre un canot à la mer, et rentra dans la cabine avec Edith et sir Benedict Arundell.

La conversation qu'ils eurent ensemble, la voici. Sidney prit la main d'Edith en présence de Benedict et lui dit :

— Vous m'avez donné le pouvoir d'user de votre dévouement et de votre intelligence pour le but que je poursuis : vous avez promis d'avoir en moi la confiance la plus aveugle et de marcher les yeux fermés sur la route où je vous poserai, dût-il y avoir un abîme au bout.

— Je l'ai dit; ma vie vous appartient, répondit la jeune femme.

— Bien! continua sir Arthur Sidney; il ne s'agit pas maintenant de quelque chose de si grave; le moment est venu de quitter ce costume de mousse; allez dans votre chambre, où j'ai fait préparer tout ce qu'il faut.

Edith se leva et sortit.

Sir Athur Sidney, resté seul avec Benedict, se croisa, comme pour contenir les mouvements de son cœur, les bras sur la poitrine; puis il les ouvrit à son ami et lui dit :

— Frère, en cas que nous ne nous revoyions pas en ce monde, embrassons-nous !

Benedict s'avança vers Sidney; et les deux amis se tinrent quelques minutes les bras enlacés.

— Quand tout sera prêt, dit Sidney en entraînant Benedict près du sabord, tu couperas ce petit arbre qui se tord et s'échevèle au vent sur le sommet de cette roche noire; on le voit de loin en mer. Je vais aux îles de Tristan d'Acuna, ou sur la côte d'Afrique, à l'embouchure de la rivière de Coanza, c'est plus près, pour construire mon canot. Il me faut deux mois. Dans deux mois la *Belle-Jenny* croisera dans ces parages et nous frapperons le grand coup.

— Ah! l'histoire s'en étonnera, répondit Benedict, et jamais...

Il allait en dire plus long lorsque Edith entra.

Benedict et Sidney restèrent comme surpris de sa beauté. Son costume d'homme avait empêché jusqu'à ce jour les deux amis, absorbés, l'un par une grande pensée, l'autre par un grand chagrin, de remarquer à quel point miss Edith était adorable et charmante.

Le temps écoulé avait, sinon apaisé, du moins adouci la douleur de la jeune femme; de cette horrible catastrophe, il ne restait d'autre trace qu'une pâleur délicate sur les joues, qu'une légère teinte azurée aux tempes attendries, qui augmentaient encore l'elégance de cette charmante figure, en y rendant en quelque sorte l'âme visible.

Elle était habillée avec la simplicité la plus fraîche; une robe blanche de mousseline des Indes parsemée de petites fleurs à peine visibles dessinait sa taille jeune et souple, et se massait sur les hanches à plis abondants; un chapeau de fine paille de Manille garni de rubans roses encadrait le délicieux ovale de sa tête, et une écharpe de Chine se drapait sur ses épaules:

Sous le regard d'admiration de Sidney et de Benedict, miss Edith sentit monter une faible rougeur à ses joues décolorées : la femme renaissait en elle.

— Vous êtes charmante ainsi, ne put s'empêcher de dire Sidney ; maintenant, vous allez descendre à terre avec Benedict. Vous serez sa sœur ou sa femme : sa femme vaut mieux, j'y pense, et c'est ce titre que vous porterez. Vous prendrez une maison de ville à James-Town, et une maison de campagne aussi près de Longwood que possible ; plus tard Benedict vous dira ce que vous aurez à faire.

— J'obéirai, répondit la jeune femme troublée par cette idée de passer pour la femme de Benedict et de vivre seule, sous le même toit, avec un homme jeune et beau ; puis, par une de ces humilités des âmes pures, toujours injustes pour elles-mêmes, elle se dit qu'elle n'avait pas le droit de trouver cette situation équivoque, et qu'après tout la maîtresse de Xavier ne devait pas avoir tant de scrupules.

— Allons, dit Sidney en prenant Edith par la main et en la conduisant à sir Benedict Arundell, jeunes époux, il est temps de partir; le canot attend, les rames parées. Puis souriant de ce sourire plein de sérénité qui lui était propre, il dit à son ami : Avoue que si je t'ai ôté une femme, je t'en rends une qui n'est pas moins belle.

Benedict pâlit à cette phrase, peut-être maladroite de Sidney ; mais il se contint, car il savait que rien n'était plus éloigné de la pensée d'Arthur qu'une raillerie même la plus innocente ; et regardant miss Edith, il ne put s'empêcher de trouver qu'elle n'était pas inférieure en beauté à miss Amabel Vyvyan.

Edith, sans en avoir la conscience bien distincte, éprouvait un certain plaisir à être vêtue avec les habits de son sexe. Ces blanches draperies, ce fin chapeau de paille, ces nœuds de rubans l'égayaient malgré elle. L'idée de débarquer lui était agréable. Une longue traversée est si ennuyeuse, que la terre même la plus aride et la plus inhospitalière vous paraît un séjour préférable à celui du navire; et depuis trois mois Edith n'avait vu que le ciel et l'eau.

En se trouvant assise à l'arrière du canot à côté de sir Benedict Arundell, elle éprouva comme un sentiment de bien-être et de délivrance, et un rayon plus clair illumina sa belle figure ordinairement si mélancolique.

La mer était assez calme et le canot poussé par six vigoureux avirons s'avançait rapidement du côté de la terre.

L'on aborda, et Benedict tendit la main à miss Edith pour sauter hors du canot. Jack et Saunders chargèrent sur les épaules de pauvres diables basanés et cuivrés les caisses que sir Arthur Sidney avait fait remplir de tous les objets nécessaires à l'installation du jeune ménage.

Saunders eut bientôt trouvé par la ville une maison convenable où le jeune couple, après avoir satisfait les autorités en leur montrant des papiers parfaitement en règle fournis par le prévoyant Sidney, s'établit sous le nom de M. et madame Smith.

D'après la fable répandue par

Jack, madame Smith, qui se rendait aux Indes avec son mari pour y visiter de grandes propriétés d'indigo et d'opium qu'ils y possédaient, s'était trouvée extrêmement fatiguée par la mer et avait demandé un mois ou deux de repos sur la première terre habitable qu'on rencontrerait, avant de reprendre le voyage si pénible pour elle.

Le soir même, sir Arthur Sidney fit remettre à la voile, et la *Belle-Jenny* eut bientôt disparu dans les profondeurs bleues de l'horizon. Benedict, accoudé à la fenêtre de son nouveau logement, qui donnait sur la mer, suivit le bâtiment qui s'amoindrissait jusqu'à ce qu'il pût être caché par l'aile d'une mouette.

La maison habitées par les faux époux reproduisait une maison de Chersea ou de Ramsgate, avec cette obstination particulière à la race anglaise, que rien ne peut faire dévier, ni l'éloignement, ni le climat; les murailles étaient de cette brique jaune qui poursuit à Londres l'œil de l'étranger, et les distributions intérieures étaient exactement les mêmes que si la maison eût été bâtie dans Temple-Bar ou à côté de Trinity-Church. La seule concession faite au climat consistait en une marquise rayée de bleu qui ombrageait la porte d'entrée, et dans la substitution des nattes des Philippines aux tapis de laine.

Dans le jardin aride et sec, une allée de tamarins dont les feuillages découpés en fines dentelles verde-grisées tremblaient au moindre vent, jetait un peu d'ombre sur le sable pulvérulent où languissaient quelques pauvres fleurs altérées à qui un jardinier malais prodiguait des soins malheureux.

Ce fut une impression singulière pour sir Benedict Arundell et miss

Amabel, lorsqu'ils se trouvèrent seuls à table, placés conjugalement en face l'un de l'autre et servis par un domestique silencieux. Cette intimité soudaine, née de la supposition de leur mariage et parfaitement naturelle dans cette hypothèse, les étonnait, les effrayait, et peut-être les charmait à leur insu.

La combinaison d'événements bizarres qui avait amené cette situation impossible ne s'était peut-être pas produite une fois depuis que la terre accomplit sa révolution autour du soleil, et encore n'en connaissaient-ils pas toute l'étrangeté, car

Arundell et miss Edith ignoraient qu'ils fussent, l'un un mari sans femme, l'autre une femme sans mari. Benedict, détourné par Sidney, n'était point entré dans l'église de Sainte-Margareth, et sous le noir porche les deux blanches fiancées s'étaient seules rencontrées.

Ce qu'ils savaient, c'est qu'ils se trouvaient à deux mille lieues de leur patrie, sur ce triste îlot de Sainte-Hélène, par suite de la froide symétrie d'un plan mystérieux, obligés de vivre jour et nuit sous le même toit..., tous deux jeunes et beaux, et sans amour.

Le repas fini, ils visitèrent la maison plus en détail, et s'aperçurent qu'il n'y avait qu'une seule chambre à coucher. Edith rougit dans sa pudeur anglaise, et Benedict, arrêté sur le seuil et comprenant l'embarras de sa prétendue femme, dit :

— Je ferai accrocher un hamac pour moi dans la chambre d'en haut.

Edith, rassurée, sourit doucement et jeta son écharpe sur le lit en signe de prise de possession.

Ensuite ils descendirent au jardin, où ils se promenèrent dans la longue allée des tamarins avec cette volupté de gens qui depuis trois mois ont pour limite à leurs pas le tillac étroit d'un navire. Le bras d'Edith s'appuyait sur celui d'Arundell, car elle chancelait, déshabituée de la marche par cette longue traversée ; et certes c'eût été pour Amabel et Volmerange un spectacle incompréhensible que ce couple parcourant cette allée solitaire avec un air d'intimité conjugale.

Quelques jours se passèrent de la sorte. Edith était convenue vis-à-vis d'elle-même de regarder Benedict comme un frère ; Benedict, de son côté, l'acceptait comme une sœur. Cependant, un charme plus vif qu'ils ne le croyaient les attirait l'un vers l'autre, et ils passaient presque toutes leurs journées ensemble.

Ils finirent par se faire des confidences. Benedict raconta à Edith son amour pour Amabel, et la façon dont il en avait été séparé; Edith lui apprit son mariage à la funèbre église de Sainte-Margareth.

— Quoi ! cette voiture qui a croisé la mienne devant le portail, c'était la vôtre !

— Oui, répondit la jeune femme.

— Étrange coïncidence : le mariage que tout semblait préparer n'a pu se faire ; ceux qui devaient être unis sont séparés, ceux qui devaient être séparés sont unis ; les couples se défont et se reforment en dépit des choix et des volontés : nous qui n'avons pas d'amour l'un pour l'autre, car nos cœurs sont donnés, nous voici dans la même maison, seuls, libres ; et nous sommes à des milliers de lieues des êtres que nous chérissons et que nous ne reverrons peut-être jamais.

— C'est vrai, répondit la jeune femme rêveuse : la destinée a d'étranges caprices.

Les faux époux avaient désormais un de ces commodes sujets de conversation où les inclinations naissantes trouvent les moyens de faire ces aveux indirects que l'on peut confirmer ou rétracter suivant qu'ils réussissent. Benedict parlait d'Amabel et de sa beauté en termes qui, à la rigueur, pouvaient s'appliquer aussi à Edith. Il s'exhalait en regrets et peignait sa passion avec les traits les plus vifs et les couleurs les plus brûlantes. La jeune femme attentive, intéressée au plus haut point, écoutait cette éloquence passionnée avec d'autant moins de scrupule qu'elle ne s'adressait pas directement à elle.

Elle y répondait par des protestations d'amour pour Volmerange, dont elle reconnaissait avoir justement mérité la colère, ayant manqué de franchise avec lui. Dans ces entretiens ambigus, chacun montrait sa sensibilité, sa tendresse, sa puissance de dévouement, et déployait sans crainte tous les trésors de son âme. A l'abri des noms d'Amabel et de Volmerange, ils se livraient à des subtilités de métaphysique amoureuse. Leur passion inconnue d'eux-mêmes, et cachée par ce masque, usait de la liberté du bal travesti.

Insensiblement, Edith prenait la place d'Amabel et Benedict celle de Volmerange.

Ils n'avaient pas, il est juste de le dire, la conscience de cette substitution, et s'abandonnaient d'autant plus volontiers au charme qui les entraînait l'un vers l'autre qu'ils le jugeaient sans danger et se croyaient sûrs de ne pas s'aimer : vous auriez demandé à Benedict s'il aimait toujours autant miss Amabel, il aurait répondu : — Oui ! — dans toute la sincérité de son cœur. Edith, interpellée, aurait juré également que sa passion pour Volmerange n'était diminuée en rien. Quelques semaines s'écoulèrent comme par enchantement. — Avant de se quitter le soir, ils se donnaient fraternellement la main, et cependant chacun rentrait dans sa chambre avec un soupir et une espèce de tristesse indéfinissable. Une fois Benedict dit en riant à miss Edith :

—Madame Smith, je réclame mes droits d'époux, et désire vous donner un baiser sur le front.

La jeune femme se pencha sans rien dire, et présenta sa tête soumise aux lèvres de Benedict ; le baiser porta moitié sur la peau satinée de son front, moitié sur ses cheveux soyeux et parfumés.

Puis, par un mouvement de biche effarouchée, elle rentra brusquement dans la chambre dont elle ferma la porte.

Cette nuit-là, Benedict dormit assez mal.

Tout ceci n'empêchait pas les instructions de sir Sidney d'être suivies à la lettre. Une maison de campagne, aussi voisine que le permettait la surveillance anglaise de l'habitation de l'illustre prisonnier, avait été louée, et la prétendue madame Smith s'y retira, prétextant que l'air lui manquait dans cette étroite résidence de James-Town.

Benedict resta à la ville quelques jours, s'occupant en apparence d'affaires de commerce.

Edith, comme Benedict le lui avait recommandé, accompagnée d'une servante mulâtresse, faisait chaque jour à la même heure une promenade qu'elle poussait aussi près que possible de Longwood. — Ne manquez pas surtout d'avoir à la main ou sur votre chapeau de paille un bouquet de violettes, lui avait dit Benedict en la quittant; et comme le jardin de la maison de campagne en contenait une plate-bande, rien n'était plus facile à suivre que cet ordre.

Pendant plusieurs jours, la promenade d'Edith fut inutile. Le prisonnier, malade, affaibli, ne sortait plus.

Impatient de savoir le résultat des courses d'Edith, et peut-être aussi poussé par un autre motif, sir Benedict Arundell était venu la rejoindre à la campagne, et chaque fois qu'elle rentrait de sa promenade, il l'interrogeait ardemment; mais la réponse était toujours la même.

— Je n'ai rien vu que les aigles planant dans l'air, et les albatros coupant l'eau avec leur aile.

Enfin, un jour, au détour du chemin, Edith se trouva face à face avec le captif impérial qui semblait marcher avec peine, suivi à distance de ses fidèles, et gardé de loin par des sentinelles rouges. Une pâleur de marbre couvrait ses traits amaigris et qui, sculptés par la douleur, avaient repris les belles lignes de leur jeunesse.

Il regarda Edith, et souriant avec cette grâce ineffable à qui rien ne résistait, il fit deux ou trois pas vers elle et la salua.

En présence de ce dieu tombé, Edith, qui devant l'empereur, rayonnant et fulgurant, eût peut-être conservé son énergie, se troubla, pâlit, et fut presque sur le point de se trouver mal.

Le héros s'avança vers elle et lui dit d'une voix grave et douce, comme un Olympien qui parlerait à un mortel :

— Madame, rassurez-vous ; et, remarquant le bouquet de violettes qu'elle tenait à la main : Il y a longtemps que je n'en ai vu de si fraîches.

Par un mouvement machinal, Edith s'inclina et les lui tendit.

— Elles sentent bon, mais moins bon que celles de France, dit le César en rendant les fleurs à la jeune femme après les avoir respirées.

Puis il salua avec une noblesse majestueuse et reprit sa route.

Éblouie de cette vision impériale, Edith revint à la maison de campagne ; et à l'interrogation de Benedict, elle répondit :

— Enfin, je l'ai vu.

— Qu'a-t-il dit? Répétez-le syllabe pour syllabe.

— Il a dit que ces violettes sentaient bon, mais sentaient moins bon que celles France. Voilà tout.

Benedict pâlit un peu, tant l'émotion que cette phrase si simple lui causa était grande:

Sans faire d'observation, il prit une lunette d'approche, une hache et se dirigea vers la roche où l'arbre désigné par sir Arthur Sidney tordait sa silhouette bizarre.

Il regarda avec sa lunette.

Un petit point blanc imperceptible, — était-ce une mouette ou un flocon d'écume? — piquait seul l'immensité bleue de l'Océan.

— C'est bien, dit Benedict, et il porta la hache dans le pied de l'arbre.

En deux ou trois coups le tronc fut tranché, et l'arbre roula du haut du rocher jusque dans la mer avec un son lugubre et sourd.

FIN DU TOME DEUXIÈME.

LAGNY. — Imprimerie de VIALAT et Cie.

SOUS PRESSE.

MÉMOIRES DE TALMA
ÉCRITS PAR LUI-MÊME
Recueillis et mis en ordre sur les papiers de la famille
Par Alexandre DUMAS
Tomes V et VI.

Les Proscrits de Sylla
2 vol. in-8
Par Félix DERIÉGE

SONGES D'AMOUR
Par A. DE ROSTAN. — 4 vol. in-8°.

MÉMOIRES DE DON JUAN
Par Félicien MALLEFILLE.

UN NOUVEAU ROMAN
Par madame D'ASH

LE DRAME DE 93
SCÈNES DE LA VIE RÉVOLUTIONNAIRE
— Suite et fin. —
Par Alexandre Dumas. — 3 vol. in-8.

Les Mystères de Rome
PAR FÉLIX DERIÉGE.
Seconde et dernière partie.

NOBLESSE OBLIGE
2 vol. in-8
Par F. DE BAZANCOURT.

LAGNY. — Imprimerie de VIALAT et Cie.

www.ingramcontent.com/pod-product-compliance
Lightning Source LLC
Chambersburg PA
CBHW071528160426
43196CB00010B/1705